编委会

主　编：丁书鑫　马志珍

编　委：（排名不分先后）

　　　　卜坤莹　于海莲　于继开　于　涵　马军艳

　　　　马建新　王文清　李晓成　吴　勇　沙　媛

　　　　赵　珂　谢　彬　惠学锋

赶牛

GAN NIU

主编 ○ 丁书鑫 马志珍

黄河出版传媒集团
阳光出版社

图书在版编目（CIP）数据

赶牛 / 丁书鑫, 马志珍主编. -- 银川 : 阳光出版
社, 2025. 5. -- ISBN 978-7-5525-7792-1

Ⅰ. G127.434

中国国家版本馆CIP数据核字第2025TT3811号

赶牛

丁书鑫　马志珍　主编

责任编辑	金小燕
封面设计	王　烨
责任印制	岳建宁

出版发行	阳光出版社
地　　址	宁夏银川市北京东路139号出版大厦（750001）
网　　址	http://www.ygchbs.com
网上书店	http://shop129132959.taobao.com
电子信箱	yangguangchubanshe@163.com
邮购电话	0951-5047283
经　　销	全国新华书店
印刷装订	宁夏凤鸣彩印广告有限公司
印刷委托书号	（宁）2500699

开　　本	787 mm × 1092 mm　1/16
印　　张	9.75
字　　数	180千字
版　　次	2025年5月第1版
印　　次	2025年5月第1次印刷
书　　号	ISBN 978-7-5525-7792-1
定　　价	56.00元

前言
Preface

　　镶嵌在黄土高原腹地的一颗璀璨明珠——宁夏泾源，这里拥有良好的生态环境。六盘山脉，以丰富的森林和牧草资源，为这片土地赋予了无尽的生机与活力。独特的地理条件不仅为林下经济、畜牧业以及中草药的发展奠定了坚实的基础，也为当地农民的生活方式描绘了一幅生动的画卷。

　　放牧，是世代居住在这里的农民主要的生计方式。在日出而作，日落而息的简单生活中，他们与牛群建立了深厚的情感。在漫长而宁静的牧歌岁月里，为了消遣，缓解劳作的疲惫，他们创造了一种独特的民间游艺活动——"赶牛"。

　　"赶牛"游戏，是泾源农民智慧的结晶，也是他们文化生活的重要组成部分。这种游戏通常在农闲季节的草地上举行，村民们会将特制的"牛"赶到"牛圈"或"牛窝"。这种活动不仅锻炼了农民的协调能力和策略思维，也增强了村民的凝聚力，成为他们生活中的一大乐事。

　　此外，"赶牛"游戏还蕴含着对自然的敬畏和尊重。在与牛群的互动中，农民们学会了如何与环境和谐共处，如何保护森林草原生态，避免放牧导致的林草退化。这种对自然的尊重和保护意识，已经深深地融入了他们的日常生活和文化传承中。

　　如今，"赶牛"游戏已经超越了单纯的娱乐活动，成为展示泾源独特民俗文化、推广生态旅游的重要载体。每年，当地都会举办盛大的"赶牛"节。2008年，泾源赶牛作为"传统体育、游艺与杂技类"项目，入选第二批自治区级非物质文化遗产名录，"赶牛"游戏的保护与传承有了坚实的法律支撑。保护活动的开展，不仅传承了古老的文化，也为当地带来了经济收入，实现了生态保护与经济发展的双赢。

一、教材的定位

本教材创新采用模块化结构，旨在适应中等职业教育的多维度和灵活性，以便教师能根据教学计划和学生的具体需求，灵活调整和组织教学材料，实现优化教学效果。同时，教材顺应文化和旅游融合发展的趋势，致力于推动非物质文化遗产在校园内的普及与创新。教材主要针对中等职业学校的学生，以及对非物质文化遗产有浓厚兴趣的读者群体，因此，仅提供一般性指导，具体操作需依据实际情况和专业指导进行。

二、教材的目标与期望

《赶牛》教材的编纂旨在强化学生对文化背景的理解，提升实践技能，培养其创新思维，全面提升中职学生的文化素养和实践能力，培养新一代的非物质文化遗产传承者。

教材内容涵盖"赶牛"技艺历史、价值、训练、应用等相关知识，通过模块化教学，学生能系统学习并理解"赶牛"技艺，准确表达其历史文化内涵，实现非物质文化遗产的传承，同时，鼓励学生创新探索技艺在现代社会中的新价值和新形式。

培养学生的社会责任感，使其成为非物质文化遗产保护的积极参与者，增强对本土文化的自豪感，推动非物质文化遗产的产业化发展。教材还提供与"赶牛"技艺相关的职业发展路径，帮助学生为未来职业生涯做好准备。

三、模块化教学结构的特性

灵活性。本教材采用模块化设计，目的是灵活适应教学进度和学生个性化需求。支持内容的调整与重组，以确保教学内容的针对性和有效性。

多样性。各模块具备独立完整的教学功能，同时亦能相互协作，共同构建出多元化的教学方案，满足不同教学场景和学习需求。

互动性。鼓励学生主动讨论、实践操作及创新思维，提升学习参与度和兴趣，培养学生批判性思维和问题解决能力。

可扩展性。教材模块设计灵活，能依据最新研究成果和教学反馈更新扩展，确保教学内容的时效性和前沿性。

实操性。策划了"赶牛"主题的实践活动。通过亲身体验，学生能深刻感受"赶牛"文化的独特韵味和深厚底蕴，从而深化对其文化价值的理解和认同。

四、教材特色

（一）校企深度融合

本教材在编写队伍上实现了重大突破，不再局限于教师单一编写，而是由专业教师携手非物质文化遗产代表性传承人、教练员及金牌导游工作室工作人员共同合作完成。此举充分体现了校企合作的教育改革新理念，显著增强了教材的实用性和实践性。通过多方合作提供了丰富的真实案例，为教材注入了新的活力。

（二）彰显地方特色

本教材作为自治区教育厅"产教融合视域下的课程教学案例开发"项目的重要成果，紧密结合区域特点，深入挖掘地方旅游资源特色，通过广泛收集民间及全国少数民族传统体育运动会中的案例，对地方非物质文化遗产应用场景的传承与发展，提出了切实可行的建议和意见，充分彰显了地方特色。

（三）数字化资源完备

本课程已构建完善的平台课程网站，实现了教学内容的全面数字化。配套资源包括教学视频、PPT 课件、教学案例、教学设计、实训项目及考核评价方案等，形成了完整的教学资源体系。此外，还创新性地运用了二维码技术，使学生能够随时随地通过手机进行便捷学习，增强了教学内容的空间性和直观性。

（四）融入文旅融合发展趋势

本教材积极响应文旅融合的发展趋势，通过模块化教学方式，深入剖析"赶牛"在地方文化旅游中的独特价值和潜在优势。同时，鼓励学生创新旅游产品设计思路，将"赶牛"非物质文化遗产与旅游产品创新结合，探索新的展示方式以创造独特的旅游体验。此外，还策划了以"赶牛"为主题的实践活动，让学生在实践中亲身体验"赶牛"文化的魅力。

本教材的编写得到了文化和旅游部技术技能大师工作室高级导游赵珂，宁夏金牌导游工作站康淑琴、杨启兆的鼎力参与和编写，泾源县文化和旅游局、文化馆也给予深切关怀与大力支持，在此，表示衷心的感谢。同时，也要向出版社的编辑团队致以诚挚的谢意，感谢他们为教材的出版所付出的努力。

本教材的编写过程中，我们大量参考了优秀的教材、专著、报纸杂志以及网络资料。然而，由于篇幅所限，部分文献未能详细列出，对此我们深感歉意，并向这些著作的作者表示由衷的感谢与敬意。

我们深知，由于自身能力有限，书中难免存在不足之处。在此，我们恳请各位专家及广大读者不吝赐教，提出宝贵的批评与建议，以便我们不断改进与完善。

编者

2025 年 2 月

目录 / Contents

第一部分　理论篇

项目一　非物质文化遗产概论

导读

本项目旨在使学生全面掌握非物质文化遗产的核心概念，深入了解中国非物质文化遗产目录的分类体系及其代表性传承人保护机制，并进一步分析非物质文化遗产的价值及其保护的必要性。

学习目标

【知识目标】

1. 了解非物质文化遗产的定义，掌握其核心概念。

2. 理解非物质文化遗产的分类和涵盖的领域。

3. 掌握非物质文化遗产的历史价值和文化意义。

【技能目标】

1. 能够分析和鉴别不同类型的非物质文化遗产实例。

2. 学会整理和归纳非物质文化遗产的主要特征。

3. 掌握基本的非物质文化遗产保护方法和策略。

【素质目标】

培养尊重和珍视文化遗产的意识，增强文化认同感。

【案例导入】

文化遗产承载着中华民族的基因和血脉，蕴藏着中国人民的伟大创造、卓越智慧和共同记忆。

保护好、传承好文化遗产，功在当代、利在千秋，是建设社会主义文化强国的应有之义，也是我们的历史责任和文化使命。

一年来，我国文物和文化遗产保护传承的实践别开生面，中华文明生生不息。

"春节"申遗成功、"羌年"等3个遗产项目转入人类非物质文化遗产代表作名录，"非物质文化遗产"系统性保护广受认可；丰邢叔簋等文物回归，武王墩墓等"考古中国"重大项目取得新进展，古老文明的面貌更加清晰；开展第四次全国文物普查、修订文物保护法，文化遗产保护安全屏障不断筑牢。

资料来源：新华社 2025-01-03《筑牢强国建设民族复兴的文化根基
——2024 年宣传思想文化事业展现新气象》

任务一　非物质文化遗产的概念

非物质文化遗产（Intangible Cultural Heritage，ICH），简称"非遗"，其概念最早由联合国教科文组织提出，用以强调那些无形的文化资产，它们是人类共同的文化遗产，对维系社会连续性和文化多样性具有重要意义。这一概念的提出，标志着对文化遗产保护范围的扩展和深化。

一、非物质文化遗产的定义

在全球范围内，首次对"非物质文化遗产"这一概念进行全面而详尽界定的正式文件，是 2003 年联合国教科文组织通过了的《保护非物质文化遗产公约》（以下简称《公约》）。随着该《公约》的正式生效与施行，"非物质文化遗产"这一术语正式被确立为具有法律效力的概念范畴。

《公约》中明确且详尽地指出，非物质文化遗产广泛涵盖了各个社区、群体甚至个体视为其文化遗产不可或缺之组成部分的各类社会实践、观念表达、表现形式、知识体系、技能技艺，以及与之紧密关联的工具、实物、手工艺品与文化场所等多元要素。

在我国，关于"非物质文化遗产"概念的具体界定与阐述，则体现在 2005 年由国务院办公厅正式印发的《国家级非物质文化遗产代表作申报评定暂行办法》，其中指出，非物质文化遗产指各族人民世代相承的、与群众生活密切相关的各种传统文化表现形式（如民俗活动、表演艺术、传统知识和技能，以及与之相关的器具、实物、手工制品等）和文化空间。

二、非物质文化遗产与物质文化遗产的区别

（一）物质形态

物质文化遗产强调的是物质的、有形的存在，如建筑、雕塑、艺术品等。

非物质文化遗产突出的是非物质的属性，不依赖于物质形态而存在，如口头传统、表演艺术、民俗活动、社会实践等。

（二）内容形式

物质文化遗产主要包括历史文物、历史建筑（群）和人类文化遗址。

非物质文化遗产包括各种实践、表演、表现形式、知识体系和技能。

（三）传承方式

物质文化遗产通过物理保存和修复来传承。

非物质文化遗产以人为核心，通过声音、形象和技艺等表现形式，以口口相传作为文化链来传承。

（四）价值体现

物质文化遗产侧重于历史、艺术和科学价值。

非物质文化遗产更多地体现为民族个性、民族审美习惯以及文化多样性和对人类创造力的尊重。

三、非物质文化遗产的特点

1. 传承性。通过一代代人的口传心授，非物质文化遗产得以流传至今。

2. 活态性。与物质文化遗产相比，非物质文化遗产是"活"的，它存在于人们的日常生活中，随着时间和社会环境的变化而发展变化。

3. 多样性。非物质文化遗产涵盖了人类文化的各个方面，包括民间文学、传统舞蹈、传统美术、传统医药、曲艺、民俗等，表现出丰富多样的形态。

4. 脆弱性。由于全球化和现代化的影响，一些非物质文化遗产面临着消失的风险。

四、非物质文化遗产的构成元素

1. 来源主体。其创造和生产者为个人或具有特定文化联系的团体。

2. 创造对象。涵盖了技艺、器具等文化表现形式，以及孕育这些形式的文化环境。

3. 形成条件。在实际生产或生活情境中产生，并以特定方式得以固定。

4. 传承过程。由历代传承主体持续传递，不断延续和创新。

5. 表达方式。通过口头语言、肢体动作或面部表情等方式进行表达。

【课程资源】

非物质文化遗产的概念

任务二　非物质文化遗产的起源与发展

一、非物质文化遗产概念的起源

非物质文化遗产的概念在 20 世纪下半叶应运而生，那时全球化的步伐加速，人们开始认识到传统文化的易损性及保护的急迫性。1972 年联合国教科文组织通过的《保护世界文化和自然遗产公约》，主要聚焦于物质文化遗产。然而，随着对文化多样性的认识加深，非物质文化遗产的保护需求逐渐显现。

进入 20 世纪 90 年代，联合国教科文组织对非物质文化遗产的保护给予了高度重视。1997 年启动的"人类口头和非物质文化遗产代表作"项目，标志着这一领域保护工作的开端。2003 年，该组织通过了《保护非物质文化遗产公约》，这是首个专门针对非物质文化遗产的国际公约，为全球非物质文化遗产保护工作提供了法律框架和实践指导。

自《保护非物质文化遗产公约》生效以来，获得了国际社会的广泛接受。目前，已有 183 个国家成为缔约国，共同致力于非物质文化遗产的保护和传承。该公约的实施推动了各国对非物质文化遗产的系统研究、记录和传播，加强了国际文化交流与合作，提升了公众对其价值的认知和尊重。保护非物质文化遗产，不仅拓宽了文化遗产保护的维度，也为全球文化多样性的保护和促进提供了支持。通过持续的国际合作和努力，非物质文化遗产的保护工作正在不断加强，对保护和传承人类文明的宝贵遗产发挥着关键作用。

二、我国非物质文化遗产保护体系

非物质文化遗产的概念，由联合国教科文组织历经多次修订后确立。2004 年 8 月 28 日，全国人大常委会正式批准了第 32 届联合国教科文组织大会上通过的《保护非物质文化遗产公约》。次年 3 月 26 日，国务院办公厅发布了《关于加强我国非物质文化遗产保护工作的意见》，其附件《国家级非物质文化遗产代表作申报评定暂行办法》中首次采用并定义了"非物质文化遗产"这一术语，标志着该术语与理念正式融入我国的政治生活与民众日常。作为我国政府层面权威性指导文件的发布与实施，充分彰显了中国政府对非物质文化遗产保护与传承工作的高度重视与坚定决心。

历经 20 多年的非物质文化遗产保护实践，我国不仅开创性地探索出诸多保护路径，更取得了令人瞩目的成效。我国建立了独具中国特色的国家、省、市、县四级名录制度体系，强化了非物质文化遗产保护的法律法规建设，提出了多种富有创新性的保护理念与方法，并设立了一批非物质文化遗产保护基地与传习所。此外，我国还开展了一系列旨在提升非物质文化遗产保护与传承能力的活动。

我国在如此短的时间内，能够从无到有，迅速推进非物质文化遗产保护工作并取得显著成就，这既是积极响应时代号召、有效激发民众需求的成果，也是社会主义制度优越性的集中展现。在非物质文化遗产保护的推进过程中，国家采取了由上至下的策略，形成了集中力量办大事的高效管理机制，体现了渐进式改革、分步推进的鲜明工作特点。

三、我国非物质文化遗产发展的四个阶段

（一）初步认识阶段（20世纪80年代）

在此阶段，我国逐步认识到非物质文化遗产的重要价值，然而，保护工作尚处于萌芽状态，尚未形成系统性的规划与法规支撑。

（二）普查与名录建立阶段（20世纪90年代至21世纪初）

在此阶段，我国在全国范围内启动了大规模的非物质文化遗产普查工作，旨在全面了解掌握不同地区和不同民族非物质文化遗产的种类、数量、分布情况及其生存与传承状况。基于普查成果，我国构建了覆盖国家、省、市、县四级的非物质文化遗产名录体系，为后续的保护与传承工作奠定了坚实基础。

（三）法律体系与工作机制建设阶段（21世纪初至2011年）

自2005年至2009年，我国成功完成了首次全国性的非物质文化遗产普查活动，共发现并记录非物质文化遗产资源总量接近87万项。2011年，《中华人民共和国非物质文化遗产法》的正式颁布实施，标志着我国在非物质文化遗产保护领域法律体系的初步建立与工作机制的逐步完善，为非物质文化遗产保护提供了更为坚实的法律保障和制度支持。

（四）深化保护与传承阶段（2012年至今）

党的十八大以来，我国非物质文化遗产保护与传承工作进入了一个新的发展阶段。2018年，文化和旅游部的正式合并，标志着文化与旅游领域的深度融合，为非物质文化遗产保护与传承注入了新的活力与动力。在此阶段，我国更加注重非物质文化遗产保护与传承的实效性与创新性，以推动非物质文化遗产文化在现代社会中的传承与发展。

【课程资源】

非物质文化遗产的起源与发展

任务三　我国非物质文化遗产的保护措施

我国已逐步制定了一系列非物质文化遗产保护措施，包括抢救性保护、整体性保护、生产性保护及生活化保护等，这些都彰显了我国在非物质文化遗产保护理念上的持续深化。

一、抢救性保护

在非物质文化遗产的保护工作中，我国秉持"保护为主、抢救第一、合理利用、传承发展"的方针，即视非物质文化遗产的濒危状态，首要任务是识别、确认、建档与保护。这一方针在 2005 年 3 月国务院办公厅《关于加强我国非物质文化遗产保护工作的意见》中得以明确，旨在构建具有中国特色的非物质文化遗产保护体系，确保珍贵、濒危且具有历史、文化和科学价值的非物质文化遗产得到有效保护。

2005 年 12 月，《国务院关于加强文化遗产保护的通知》将非物质文化遗产提升至与物质文化遗产同等地位，进一步强调了"保护为主、抢救第一、合理利用、传承发展"的非物质文化遗产保护方针，推动了非物质文化遗产普查与名录体系的建设，但也引发了关于非物质文化遗产保护模式适用性的学术讨论。核心争议在于，非物质文化遗产是否应套用物质文化遗产的保护标准，过度追求真实性而导致非物质文化遗产静态化，即过度依赖物质化手段（如博物馆展示、档案记录等）而忽视了其动态传承的特性。

自 2013 年起，针对传承环境变化和传承人高龄问题，原文化部启动了国家级非物质文化遗产代表性传承人抢救性工作，以全面记录和整理其技艺与知识，为后续传承提供资料。

然而，尽管数字化保存为非物质文化遗产提供了宝贵的记录，但其核心在于记录而非直接保护非物质文化遗产本体。因此，数字化手段不能替代对活态传承的关注与扶持，非物质文化遗产保护仍须注重实际的传承与保护措施。

二、整体性保护

文化与生物类似，具有生态性，其发展受环境影响。2004 年，文化部与财政部联合发布了《中国民族民间文化保护工程实施方案》，提出通过建立文化生态保护区与命名民族民间文化艺术之乡，对原生态文化进行持续性保护。

2007 年，我国设立了首个国家级文化生态保护实验区——闽南文化生态保护实验区，标志着非物质文化遗产保护向整体化探索。

2010 年，文化部发布了《关于加强国家级文化生态保护区建设的指导意见》，强调对具有重要价值和鲜明特色的文化形态进行整体性保护，但执行中存在管理、资金、人员等方面的问题。

2018 年，文化和旅游部发布了《国家级文化生态保护区管理办法》，细化管理、明确奖惩，并调整工作重点，从"保护为主"转向"保护优先、整体保护"，以提高对非物质文化遗产教育与传承的要求，突出"发展"的地位。

三、生产性保护

"生产性保护"概念 2006 年由王文章在《非物质文化遗产概论》中首次提出。2009 年，文化部副部长周和平在"非物质文化遗产生产性方式保护论坛"中界定此概念为：通过生产、流通和销售，将非物质文化遗产转化为生产力和产品，创造经济效益，促进相关产业发展，实现非物质文化遗产在实践中得到保护，同时实现与社会经济的协调发展。

2010 年，文化部办公厅启动国家级非物质文化遗产生产性保护示范基地建设，要求各省（区、市）推荐具有典型意义的单位。2011 年 10 月和 2014 年 5 月，文化部分别公布了第一批和第二批名单，共涉及 100 家单位。2024 年，文化和旅游部认定 99 家企业为 2023—2025 年国家级非物质文化遗产生产性保护示范基地。

2011 年 5 月，中共中央宣传部、文化部《关于加快国有文艺院团体制改革的通知》中提出，专项资金向承担非物质文化遗产保护任务的转制院团倾斜，鼓励生产性保护。

2011 年 8 月，文化部《关于加强国家级非物质文化遗产代表性项目保护管理工作的通知》中，将非物质文化遗产"活态文化"作为国家级项目动态管理的重要参考，使生产性保护成为提升非物质文化遗产活力的有效方式。

2012 年 2 月，文化部《关于加强非物质文化遗产生产性保护的指导意见》决定在传统技艺、传统美术和传统医药药物炮制类非物质文化遗产领域实施生产性保护，强调其在增强非物质文化遗产活力、提高传承积极性、弘扬文化、促进消费、推动经济社会发展等方面的重要性。

2012 年 3 月，文化部办公厅《关于举办第二届中国非物质文化遗产博览会的通知》强调，遴选有特点、生产性保护成效显著的国家级或省级非物质文化遗产项名录目参展。

四、生活化保护

原文化部副部长项兆伦 2016 年 1 月在全国非物质文化遗产保护工作会议上，阐述了三个核心理念：首先，他主张在提升中保护的原则，强调非物质文化遗产保护的同时需注重其品质与价值的提升；其次，他强调非物质文化遗产应融入现代生活的重要性，认为这是非物质文化遗产传承与发展的重要途径；最后，他坚持全面生态保护的思想，即非物质文化遗产保护应做到见人见物见生活，以全面系统的视角进行保护。他进一步指出，非物质文化遗产并非静态的遗产，而是鲜活的生活体现与实践参与。其活力源泉在于丰富多样的文化传统实践。唯有通过良好的生产、创新及市场接纳，方能吸引更广泛的受众，从而激发非物质文化遗产的无限活力。

2017 年 1 月，中共中央办公厅、国务院办公厅联合印发的《关于实施中华优秀传统文化传承发展工程的意见》深刻指出："中华文化独一无二的理念、智慧、气度、神韵，增添了中国人民和中华民族内心深处的自信和自豪。"同时，还强调了以人民为中心的工作导向，致力于增强民众的文化参与感、获得感与认同感。

2018 年 4 月，文化和旅游部等部门发布《中国非物质文化遗产传承人群研修研习培训计划实施方案（2018—2020）》，在其工作原则中重申了坚持"见人见物见生活"的保护理念，彰显了我国在非物质文化遗产保护领域的坚定立场与深远考量。

2014 年至 2023 年期间，我国陆续出台了一系列非物质文化遗产相关制度，旨在推动文化建设迈向新高度。我国非物质文化遗产制度建设见表 1-1。

【课程资源】

我国非物质文化遗产的保护措施

表 1-1 我国非物质文化遗产制度建设情况

2014-03-17	文化部 中国人民银行 财政部《关于深入推进文化金融合作的意见》
2014-02-26	国务院《关于推进文化创意和设计服务与相关产业融合发展的若干意见》
2015-03-28	国家发展改革委 外交部 商务部《推动共建丝绸之路经济带和21世纪海上丝绸之路的愿景与行动》
2015-04-22	文化部《国家级非物质文化遗产代表性传承人抢救性记录工作规范（试行稿）》
2015-05-05	文化部 财政部 新闻出版广电总局 体育总局《关于做好政府向社会力量购买公共文化服务工作意见的通知》
2016-12-29	《文化部"一带一路"文化发展行动计划（2016—2020年）》
2017-01-25	中共中央办公厅 国务院办公厅《关于实施中华优秀传统文化传承发展工程的意见》
2017-02-23	文化部《"十三五"时期文化发展改革规划》
2017-03-24	文化部 工业和信息化部 财政部《中国传统工艺振兴计划》
2017-05-25	文化部《"十三五"时期文化扶贫工作实施方案》
2018-04-26	文化和旅游部 教育部 人力资源社会保障部《中国非物质文化遗产传承人群研修研习培训计划实施方案（2018—2020）》
2018-05-04	文化和旅游部《关于进一步推进政府向社会力量购买公共文化服务工作的意见》
2018-06-27	文化和旅游部办公厅《关于大力振兴贫困地区传统工艺助力精准扶贫的通知》
2018-07-11	文化和旅游部办公厅 国务院扶贫办综合司《关于支持设立非物质文化遗产扶贫就业工坊的通知》
2018-08-13	工业和信息化部《设计扶贫三年行动计划（2018—2020年）》
2018-12-10	文化和旅游部《国家级文化生态保护区管理办法》
2019-11-29	文化和旅游部《国家级非物质文化遗产代表性传承人认定与管理办法》
2021-08-12	中共中央办公厅 国务院办公厅《关于进一步加强非物质文化遗产保护工作的意见》
2021-12-30	财政部 文化和旅游部《国家非物质文化遗产保护资金管理办法》
2023-02-22	文化和旅游部《文化和旅游部关于推动非物质文化遗产与旅游深度融合发展的通知》
2023-06-29	文化和旅游部《文化和旅游部关于发布〈非物质文化遗产数字化保护 数字资源采集和著录〉系列行业标准的公告》

任务四　体育非物质文化遗产的特征

一、体育非物质文化遗产概念的界定

2008 年，在《国务院关于公布第二批国家级非物质文化遗产名录及第一批国家级非物质文化遗产扩展项目名录的通知》中，在扩展项目名录中对原第六项分类进行了更名调整，原"杂技与竞技"类别统称改为"传统体育、游艺与杂技"，此举旨在更加清晰地界定该类非物质文化遗产所蕴含的传统体育特质与内涵。

2013 年，为进一步规范与加强体育非物质文化遗产的保护与推广工作，国家体育总局体育文化发展中心发布了《中国体育非物质文化遗产保护与推广管理办法》。该办法对体育非物质文化遗产进行了明确界定，指出其主要包括在我国广泛开展的具有鲜明民族、民间、民俗特色的体育项目，以及被各群体或个人视为文化财富重要组成部分的具有游戏、教育和竞技特点的运动技艺与技能。这些技艺与技能融合了游戏、教育与竞技等多重属性，并涵盖了实施过程中所使用的各类器械、相关实物及所需的空间场所等关键要素。

二、体育非物质文化遗产的特征

（一）传承性

人类文化的传承机制中，个体关系网在塑造社会习俗和文化传统流传方面发挥着重要作用，从封闭家族到大众传播，构建了"传"的民俗文化体系。非物质文化遗产作为跨时代的文化表现，其特性以稳定性为主。

中国乡土社会的血缘关系和地缘关系，即"差序格局"，为体育非物质文化遗产的生存和延续提供了基础。受限于农耕文化，我国体育非物质文化遗产的原始传承主要在家族和宗族内部进行。研究显示，其传承模式的演变路径为：家族传承→宗族传承→模拟家族传承→社会传承，这四种模式在历史进程中常表现为并行和互相补充的状态。此外，社会和文化变迁的作用不容忽视，如传统村落的消失、宗法社会的衰落、国家政策的影响、家庭结构的变化、生计方式的转型、文化产业的兴起以及大规模的人口流动等，这些因素共同促使体育非物质文化遗产的传承方式逐渐突破传统束缚，向更为开放和有序的社会化传承模式转变。

（二）活态性

体育非物质文化遗产蕴含持久的文化传统，表现为动态的活力文化延续。保护的核心是保持其内在活力，通过构建健康的生态系统强化其生命力，以活态方式传承发展，实现保护目标。

从历史角度看，体育非物质文化遗产源于祖先，经口耳相传在群体记忆中积淀，形成跨代的时间链，深深植根于当地民众生活中，以确保其持续存在。

而现实视角显示，体育非物质文化遗产是生活文化，存在于人们的日常生活中，通过行为、言语、情感、思想等体现和传承。它深深融入民众生活，随着社会文化发展不断适应、变化，形成生生不息的地域性活态文化。因此，从文化存续角度看，体育非物质文化遗产的活态性特征尤为突出。

（三）身体性

身体是体育非物质文化遗产传承的核心。体育非物质文化遗产关注人体，将其作为本质、主题及媒介，突出身体的载体和个性表达功能，形式围绕个体活动和身体运动，兼顾技艺展示与娱乐表达。这种活动通过持续实践提升技艺，有益于健康。

体育非物质文化遗产的身体性超越了体育项目，涵盖了表演方式、服饰、规则等文化元素，体现出丰富的文化内涵。与现代体育相比，其差异在于更多元化的表现形式。

在技艺传承中，个性化起着关键作用。由于代表性传承人个体差异，即使相同的技艺，学习者的理解和技艺风格也会因身心素质不同而产生变化。因此，传承者在继承传统的同时，会融入个人理解和创新，形成独特的技艺变革。

（四）地域性

体育非物质文化遗产地方特色文化的属性，源于特定地域和人群，其发展与当地环境密切相关。时代进步和传播方式的提升，打破了其地域限制，传播范围和影响力扩大。自媒体的推动使其传播更广泛，吸引了多样化受众，超越本土，走向全国甚至全球。因此，体育非物质文化遗产在本土传承中形成了跨地域的传承圈。

（五）流变性

体育非物质文化遗产，以其深厚的历史底蕴和与人群的紧密联系，构成了独特的文化传统。在社会文化变革中，它既保持稳定性，又展现出变异性，体现继承与创新的共存状态。

随着时代发展，受众的价值观、审美观不断演变，代表性传承人需适时调整体育非物质文化遗产项目，以适应民众的文化娱乐和健身需求，防止其流失。这种流变性主要表现为项目表现形式的创新，使其具有活态文化的鲜明标志。

（六）脆弱性

1989 年，联合国教科文组织在保护传统文化和民俗的建议中强调，民俗文化正"面临来自多种因素的危险"，这也包括体育非物质文化遗产。尽管我国体育文化展现出坚韧的特性，但仍须应对市场经济带来的各种挑战，如文化的稀释和生存环境的复杂变化。体育非物质文化遗产的脆弱性主要表现为两个主要方面。

一是外部环境的复杂性。原生文化的冲击可能导致非物质文化遗产项目仅限于特定的展示场合，而非融入日常生活，从而加剧了其空洞化的现象。

二是传承方式的排他性。关键技艺往往由少数人持有，这使得传承容易受到偶然事件的影响，如代表性传承人的去世或灾难性事件，可能导致传承的断裂，产生代际危机。因此，个体生命和代际传承是体育非物质文化遗产保持活力的关键，其脆弱性具体表现为生存环境的复杂性和生命的短暂性。

【课程资源】

体育非物质文化遗产的特征

任务五 体育非物质文化遗产的分类

我国体育非物质文化遗产种类繁多，其共享性各具特色，主要由其民俗属性和动态演进逻辑决定。这种共性与特性并存的特点为分类带来困难。目前，我国非物质文化遗产分类方法广泛，有四分法、五分法、六分法等，以及三级五分、四层次分类等层级分类方式。然而，多数方法仅停留在一级目录，缺乏深入细分，对非物质文化遗产的数据库建设、保护传承和管理构成挑战。

根据《中华人民共和国非物质文化遗产法》《中国非物质文化遗产普查手册》和《国家级非物质文化遗产代表性项目名录》等法规文献，体育类非物质文化遗产主要涵盖传统舞蹈、传统体育、游艺与杂技以及民俗四大领域。

当前，我国对于体育非物质文化遗产的分类研究仍处于初步阶段，各类元素相互交错、融合，使得精确且系统的分类工作面临挑战。例如，《中国非物质文化遗产普查手册》将"游艺、传统体育与竞技"细分为9项，包括室内游戏、庭院游戏、智能游戏等。而部分学者则将体育非物质文化遗产划分为武术养生、射箭、摔跤等9大类别。另有学者提出了更为细致的12类划分体系，即射箭、武艺武术、角力、练力和举重、田径活动、球类活动、保健养生、水上运动、冰雪运动、棋类运动、御术与赛马和民俗游乐。

一、武术类非物质文化遗产项目

（一）武术类非物质文化遗产项目概述

武术，又称功夫，是中华民族传承的格斗术，源自先民自卫本能。在中国古代文化影响下，武术融合了哲学、医学、伦理、兵学、舞蹈等文化精髓，成为中华优秀传统文化的缩影。随着冷兵器时代结束，武术转向强身健体和修身养性。现在，武术成为了解中国文化的窗口和增进国际交流的重要载体。中国武术类非物质文化遗产项目众多，占国家和省级非物质文化遗产项目50%以上。武术历经千年演进，形成众多流派和拳械套路，分类体系完整。

（二）武术类非物质文化遗产项目的空间分布

我国省级以上非物质文化遗产项目中，武术类占比最高，分布最广。在燕赵和中原文化副区形成了核心密度圈，以此为辐射点向周围扩散。同时，吴越、岭南和巴蜀文化副区也分别出现了3个次密度核心圈。其他地区的武术类非物质文化遗产

也展现出多样化的特征。

二、竞技类非物质文化遗产项目

（一）竞技类非物质文化遗产项目的类别

竞技性体育运动的核心特征是遵循规则，双方运动员或团队竭尽全力展现运动技能，以争取比赛胜利。我国的非物质文化遗产项目中，竞技类涵盖了球类、摔跤类、竞渡类和赛会类4个主要类别。

1. 球类。球类非物质文化遗产运动与现代同场对抗球类运动形式相似，可大致划分为腿足接踢、器械击打、徒手接抛3类。腿足接踢类包括使用腿或脚比赛的活动，如蹴鞠、涞水踢球、蹴球（踢石球）等。器械击打类涉及使用特定器械进行接抛击打，例如景宁的"赶野猪"、泾源的"赶牛"、塔吉克族的马球和维吾尔族的曲棍球等。徒手抛接类主要依靠手部技巧接触球，比赛项目有鄂温克族的抢枢、广西的抢花炮等。

2. 摔跤类。摔跤类非物质文化遗产项目主要包括天桥摔跤、沈氏摔跤、蒙古族博克、沙力搏尔式摔跤、彝族摔跤、维吾尔族且里西、朝鲜族摔跤等。

3. 竞渡类。竞渡类非物质文化遗产项目主要有龙舟赛、凤舟赛、艇类赛以及独竹漂等水上民俗体育项目。其中，影响力最大的是各类龙舟赛，主要依附于传统节日端午节开展。

4. 赛会类。赛会类非物质文化遗产是由多种传统体育竞赛项目组合的，包含祭祀、竞赛等元素的综合性集会，通常有2项或以上的比赛，类似于现代的综合运动会。项目名称常带有"赛""会""节"，如内蒙古那达慕大会、玉树赛马会、广东雷州风筝节等。

（二）竞技类非物质文化遗产项目的空间分布

在我国，省级以上球类非物质文化遗产项目分布具有较强的空间集聚性和区域差异性，呈现出"北多南少中部空"的分布状态，以岭南文化副区为中心形成了1个高密度核心圈，并分别在关东文化副区和蒙新草原沙漠文化亚区形成了3个低密度核心圈。

摔跤类非物质文化遗产项目主要分布在4个区域：蒙新草原—沙漠游牧文化亚区、西南少数民族农业文化亚区、燕赵文化副区、关东文化副区。各民族和区域的差异塑造了独特的摔跤文化。

竞渡类非物质文化遗产项目以岭南文化副区为核心，形成1个高密度核心圈；巴蜀、吴越和淮河流域文化副区构成次密度核心圈。

赛会类非物质文化遗产项目分布较散，主要在民族地区，巴蜀、关东和岭南文化副区各形成 1 个高密度核心圈，同时伴有多个次级核心圈。

三、游戏类非物质文化遗产项目

（一）游戏类非物质文化遗产项目类别

游戏的特性表现为自愿参与、非功利性目的、设定在特定的时空环境中、具有规则性和社交互动性。在实际操作或训练中，游戏往往伴随着显著的娱乐和社交功能。中国的非物质文化遗产游戏类别丰富，大体可分为竞赛类、技艺类、角力类、秋千类、棋牌类和力量类。

1. 竞赛类游戏。竞赛类游戏以高强度的对抗性、激烈的竞争性和高娱乐性著称，如西藏林芝的工布响箭竞赛、新疆哈萨克族的叼羊活动以及宁夏的打梭等，均是此类游戏的典型代表。

2. 技艺类游戏。技艺类游戏强调高超的技能要求，其特性在于显著的技巧性，需要玩家投入大量时间进行学习和训练才能掌握，如山东青州花毽、贵州瑶族民间陀螺竞技、北京抖空竹、内蒙古布鲁等项目的复杂技术。

3. 角力类游戏。角力类游戏通常涉及 2 人或多人的竞技，彰显出力量的差异，如贵州布依族抵杠、四川彝族三雄夺魁、内蒙古达斡尔族颈力赛、吉林朝鲜族拔草龙等，均是此类游戏的典型代表。

4. 秋千类游戏。秋千类游戏在各民族中普遍流行，其多样性体现在不同的分类中，包括钟摆秋千、车轮秋千、磨子秋千、转轮秋千等，均以其独特的器材设计吸引着参与者。

5. 棋牌类游戏。棋牌类游戏主要以少数民族的棋类为主，如朝鲜族的掷柶戏、画图牌，蒙古族的鹿棋、吉日格、蒙古象棋等。同时，中国象棋、围棋等基础游戏也发展出了各地特有的棋类变体，如宁夏方棋、西藏藏棋等。

6. 力量类游戏。力量类游戏对参赛者的体能要求严格，比赛过程中常常需要展示各种技巧和风格，如河南摔石锁、上海耍石担石锁、泾源打胡墼等，都是这类游戏的典型代表。

（二）游戏类非物质文化遗产项目的空间分布

我国游戏类非物质文化遗产项目遍布各地。吴越文化副区有高密度核心圈，其他区域虽有零星小核心圈，但未见高密度聚集区。棋牌类非物质文化遗产项目以吉林、内蒙古、新疆为 3 个核心圈，地域分布呈组团状。

四、舞蹈类非物质文化遗产项目

中国的传统民间舞蹈可划分为3大类别：祭祀类、表演类及自我娱乐类舞蹈。祭祀类舞蹈主要用于崇敬神灵和祖先，带有浓厚的宗教氛围。表演类舞蹈注重舞台展示，其艺术特性显著。自我娱乐类舞蹈则以个人或大众的身心愉悦为目的，特点是身体运动的活跃性和广泛的参与性。

对于民间舞蹈是否具有体育属性，目前学界观点不一。从非物质文化遗产保护视角看，有专家指出，非物质文化遗产中的舞蹈项目主要可归纳为健舞、舞狮以及舞龙3大次级类别。

（一）健舞类

健舞主要分为4类：武阵舞、欢庆舞、养生舞和技巧舞。武阵舞源于古代军事操练，动作刚劲，如福建宋江阵、湛江藤牌功班舞等。欢庆舞具有娱乐性质，常在庆祝丰收或节庆时跳，如昌都锅庄舞、酉阳摆手舞等。养生舞是健身舞蹈，通过拍打穴位以达到养生目的，如湖北"肉连响"、泉州拍胸舞等。技巧舞则包含许多高难度动作，如云南易门"跳三桩"、海南琼中"咚铃伽"等。

（二）舞狮

舞狮起源于南北朝，最初是作为驱邪避凶的仪式，后来逐渐发展成为一种庆祝和祈福的民间艺术，形成了北狮与南狮两大流派。北狮注重形态的模仿，动作矫健有力，犹如真狮出没；南狮则强调神韵的表达，配合鼓乐，通过眼神、表情和动作，展现出狮子的威猛与灵动。例如，广东的醒狮，以鲜艳的色彩和激昂的鼓点，深受人们喜爱，每逢节庆，舞狮表演总会引来观众的阵阵喝彩。

（三）舞龙

舞龙则起源于汉代，最初是作为祈雨的仪式，象征着对丰收和吉祥的期盼。随着时间的推移，舞龙逐渐普及到全国各地，形成了各具特色的流派。如浙江浦江滚地龙，以其轻盈的身姿和灵活的翻滚，展现了龙的灵动与活泼；四川的永东火龙，更是将舞龙艺术推向了高潮，舞者手持燃烧的火把，与龙身上的火花交织，形成一幅壮观的火龙腾飞的景象，令人叹为观止。

尽管表现形式和文化内涵有共通之处，但随着国内外竞技大赛的推动，这类民俗活动正向竞技化、规范化和高难度发展。

【课程资源】

体育非物质文化遗产的分类

项目二　宁夏泾源非物质文化遗产

导读

　　本项目专注宁夏非物质文化遗产名录所载的泾源民间艺术、传统工艺以及民族文化，同时关注那些默默无闻的传承者，探究他们如何使古老的艺术在现代社会中焕发新生，培养学生热爱宁夏、热爱家乡泾源的情怀。

学习目标

【知识目标】

1.熟悉宁夏非物质文化遗产名录中的主要类别和代表项目。

2.掌握非物质文化遗产在历史、文化和社会中的价值与作用。

【技能目标】

1.能够对宁夏非物质文化遗产进行研究和分析，理解其独特性。

2.学会整理和归纳非物质文化遗产项目的主要特征和传承方式。

3.具备基本的口头或书面表达能力，能就某一非物质文化遗产项目进行介绍或讨论。

【素质目标】

1.增强创新思维，能够在传统与现代之间寻找结合点，探讨非物质文化遗产的活态传承。

2.培养团队协作精神，学会在学习和分享中共同探讨和学习非物质文化遗产知识。

【案例导入】

2024 年 4 月，宁夏回族自治区人民政府公布了第七批自治区级非物质文化遗产代表性项目名录共计 39 项，第七批自治区级非物质文化遗产代表性项目扩展项目名录共计 26 项，其中"泾源小曲"和"泾源蒸鸡制作技艺"两项入选非物质文化遗产代表性名录。

资料来源：宁夏回族自治区人民政府
《关于公布第七批自治区级非物质文化遗产代表性项目名录的通知》
（宁政〔2024〕16 号）

任务一　宁夏非物质文化遗产的评选标准

一、宁夏非物质文化遗产的传承与发展

宁夏地处中国西北，是一个多民族和谐共生的地区，蕴藏着丰富多彩的文化资源。历经岁月的洗礼，这些资源孕育了包括民间文学、传统音乐、传统舞蹈、传统戏剧、传统技艺及民俗等在内的非物质文化遗产，它们生动展现了当地人民的生活风貌、思想精髓及审美情趣，承载着极高的文化与历史价值。

为有效传承与弘扬这些宝贵的非物质文化遗产，宁夏自治区级非物质文化遗产名录由自治区文化和旅游厅负责确定，并经自治区人民政府正式批准公布，明确并加强对地方非物质文化遗产的保护力度，提升公众对非物质文化遗产的认知与尊重，进而推动其传承与发展。

该名录自 2007 年起设立，截至 2024 年，已累计公布七批自治区级非物质文化遗产代表性项目名录，广泛涵盖了民间文学、传统音乐、传统舞蹈、传统戏剧、传统技艺及民俗等多个领域。这些非物质文化遗产项目的保护与传承工作，得到了政策与资金等多方面的鼎力支持，同时，也激发了社会各界的浓厚兴趣与积极参与。泾源赶牛作为"传统体育、游艺与杂技类"项目，于 2008 年入选第二批自治区级非物质文化遗产名录。

二、宁夏非物质文化遗产名录评选标准

宁夏非物质文化遗产名录的评选标准主要基于非物质文化遗产的特性和价值，结合宁夏地区的实际情况和文化特色，进行具体的评估和选择。

（一）基本标准

1. 代表性。所申报的非物质文化遗产项目应在自治区内具有代表性，能够体现宁夏地区独特的文化特色和历史传统。

2. 独特性。项目应具有独特的艺术风格、技艺特点或文化内涵，与其他地区的同类项目相比，具有显著的差异性和独特性。

3. 传承性。项目应具有一定的历史传承和延续性，能够通过一定的方式和途径进行传承和发展。

（二）具体标准

1. 文化价值。项目应具有丰富的文化内涵和历史价值，能够反映宁夏地区的历

史、文化、民俗、艺术等方面的特色。

2. 艺术价值。项目应具有较高的艺术价值和审美价值，能够展现宁夏地区独特的艺术风格和技艺特点。

3. 社会价值。项目应具有一定的社会影响力和价值，能够促进当地社会文化的繁荣和发展，增强民族认同感和凝聚力。

（三）评选程序

1. 项目申报。由相关的文化部门、单位或个人进行项目申报，提交项目申报书和相关材料。

2. 初审。由自治区文化和旅游厅组织专家对申报项目进行初步审核，筛选出符合评选标准的项目。

3. 现场评审。组织专家对通过初审的项目进行现场评审，包括对项目展示、技艺演示、传承情况等方面的考察。

4. 公示和认定。经过现场评审后，将评审结果进行公示，并报请自治区人民政府认定和公布。

【课程资源】

宁夏非物质文化遗产的评选标准

任务二　宁夏泾源非物质文化遗产概况

泾源县目前拥有1项国家级非物质文化遗产代表项目（泾源民间故事），其代表性传承人有漆效文、杨彩兰、柳金花。共有13项自治区级非物质文化遗产代表项目（包括踏脚、泾源"赶牛"等），20位自治区级代表性传承人。此外，还设有3个自治区级传承基地。共有16项固原市级非物质文化遗产代表项目，45位市级代表性传承人，并设有5个市级传承基地。有42项县级非物质文化遗产代表项目，由128位县级代表性传承人守护。自2011年至2016年，已出版《泾源县非物质文化遗产保护工程丛书》共10卷，详细记录了当地丰富的文化遗产。

一、国家级非物质文化遗产代表性项目

泾源民间故事于2014年11月11日入选第四批国家级非物质文化遗产代表性项目名录。民间故事体裁多样，创新性强，以多元形式、深邃主题和生动叙述展现泾源地区的民族艺术特色，凸显当地人民的创新精神。泾源民间故事对于理解地方民间文化历史价值至关重要，且为文化、艺术、历史和民族科学等多个学术领域提供了宝贵的研究素材。泾源民间故事内容广泛，涉及生活、神话、人物、风俗、地方传说、动物、笑话和寓言等多个领域，情节引人入胜，语言质朴真挚，情感深沉，源于生活，具有较高的文学艺术价值和参考意义。

泾源民间故事是一笔宝贵的文化遗产，它们承载着历史的记忆与民族的智慧。然而，随着社会经济的快速发展和新媒体的普及，民间文化的空间受到了挤压，一些故事随着讲述人的离世而逐渐消失。面对这样的挑战，保护民间故事显得尤为重要。

在这样的背景下，泾源县非物质文化遗产保护中心的工作人员面对时间紧迫，原生讲述者的数量在减少的情况，坚持不懈地投身于民间故事的保护工作，抢救性地从乡村中收集到大量珍贵的故事，记录并保存了这些宝贵的资源，同时进一步发掘出了一批优秀的民间故事讲述者。

截至目前，一共收集到1440余篇民间故事，遵循"科学性、广泛性、地域性、代表性"的编辑原则，精选出550篇，编写了《泾源民间故事》，包括《生活故事篇》《神话故事篇》《人物轶事篇》《风俗故事篇》《地方传说篇》和《动物故事篇》6卷，总字数180多万字。这些作品体现了泾源非物质文化遗产保护工作者和代表性传承人的智慧与努力，具有很高的历史研究价值。

二、自治区级非物质文化遗产代表性项目

截至 2024 年 4 月 9 日，宁夏一共公布了七批自治区级非物质文化遗产名录，其中泾源县入选 13 项。泾源县自治区级非物质文化遗产代表性项目见表 1-2。

表 1-2　泾源县自治区级非物质文化遗产代表性项目

序号	名称	类别	序列编号①	非物质文化遗产代表性		年份
				项目名录	扩展项目名单	
1	踏脚	民间舞蹈	7	第一批		2007
2	泾源民间故事	民间文学	1	第二批		2008
3	泾源"赶牛"	传统体育游艺与杂技	7	第二批		2008
4	方棋	传统体育游艺与杂技	3		第一批	2008
5	山花儿	传统音乐	1		第三批	2012
6	打毛蛋	传统体育游艺与杂技	5	第四批		2016
7	刺绣	传统美术	4		第四批	
8	陶器烧制技艺（泾源素陶烧制技艺）	传统手工技艺	25	第五批		2019
9	泾源剪纸	传统美术	6		第五批	2019
10	九碗十三花制作技艺	传统手工艺	19	第六批		2021
11	麦芽糖制作技艺	传统技艺	12		第六批	2021
12	泾源小曲	曲艺	7	第七批		2024
13	泾源蒸鸡制作技艺	传统技艺	31	第七批		2024

①序列编号表示该项目在公示项目中的序列编号。

（一）踏脚

踏脚舞，是泾源县特有的一种舞蹈艺术及攻防技巧。其核心理念为"手为门扇，脚为攻守之器"，此舞以腿脚的踢击与弹跳功能为核心，既可作为攻击手段，也可作为防御之用。时至今日，踏脚已演变为一种纯粹的民间娱乐形式。

1999年，在自治区第四届少数民族传统体育运动会上，踏脚舞被正式列为表演项目，并荣获表演类金奖。随后，在第四、第五、第六届全国少数民族传统体育运动会上，踏脚舞再创佳绩，荣获金奖两次、银奖一次。2004年，踏脚舞被文化部列为全国少数民族民间文化保护工程的第二批试点项目。

2007年6月，踏脚舞被列入自治区级第一批非物质文化遗产名录。目前，该艺术形式拥有5名自治区级代表性传承人。

（二）泾源"赶牛"

泾源"赶牛"，已被列入自治区级第二批非物质文化遗产保护名录，同时也在固原市及泾源县第一批非物质文化遗产名录中。泾源县泾河源镇底沟村，被评定为宁夏非物质文化遗产代表性项目"赶牛"的保护与传承基地。

泾源"赶牛"是一项深受群众喜爱的活动，体现了该项目的娱乐性和竞技性。作为一种传统的体育形式，"赶牛"以自娱自乐为基本表现，涵盖了娱乐、健身、教育和竞赛等多元内容。

（三）方棋

方棋，已被列入自治区级第一批非物质文化遗产名录，同时也在固原市及泾源县第二批非物质文化遗产代表性项目名录中。

方棋，常被称为丢方、下方或搁方，是一种深受群众喜爱、长久不衰的智力体育娱乐活动。其历史可追溯至数百年前，且广泛流传于我国西部各省，拥有数十万忠实爱好者，其普及程度仅次于中国象棋。方棋规则简明，初学者易于掌握，然而其变化多端、深奥复杂的特点，又使得它成为一种需要长期研习和精进的棋类游戏，堪称易学难精的智慧结晶。

（四）泾源山花儿

山花儿，俗称干花儿、山曲子、野花儿，是流传在六盘山地区的代表性民歌体裁，泾源山花儿入选第三批自治区级非物质文化遗产名录扩展项目名单。

在旋律形态上，山花儿是花儿由中心地带向四周传播过程中，因地域差别形成的自然变异。山花儿是当地群众愉悦自我、怡情解闷、吐纳情感的一种自娱性山野

歌曲，有广泛的群众基础和浑厚的民俗文化内涵。

山花儿基本上属自唱自娱形式或在小范围传唱。它在继承古陇山民歌"三句一叠"的基础上多以单套短歌的形式即兴填词演唱，多用五声音阶式迂回进行，演变成为曲式、调性、旋法、节奏多样，风格独特的花儿歌种。山花儿音乐继承古陇山徒歌四声、五声徵调特征，吸收信天游、爬山调、洮岷花儿、河湟花儿等多种音乐元素。

山花儿在文学与音乐方面特色鲜明，风格独特，乡土气息浓郁，保持山歌野曲粗犷豪放的特点，又具有流畅优美的小调韵味。它是宁夏地区地域民俗文化的生动表现，具有民族学和民俗学方面的研究价值。宁夏山花儿的代表曲目有《黄河岸上牛喝水》《看一趟心上的尕花》《花儿本是心上的话》等。

（五）泾源打毛蛋

泾源县的打毛蛋活动，已列入第四批自治区级、第二批固原市级及第一批泾源县级非物质文化遗产代表性项目名录。此活动主要在泾源县香水镇、泾河源镇、黄花乡、兴盛乡及新民乡盛行，是当地最具特色且广泛流行的群众性娱乐与竞技活动。打毛蛋作为一种传统的体育形式，其核心特征展现了群众自我娱乐的精神风貌。

（六）泾源刺绣

泾源刺绣，已被列入第四批自治区级非物质文化遗产名录扩展项目名单、第二批固原市级非物质文化遗产代表性项目名录及第一批泾源县级非物质文化遗产代表性项目名录。禹爱莲民间刺绣艺术协会被指定为宁夏第五批非物质文化遗产（刺绣）保护与传承基地。

泾源刺绣作品主要应用于女性嫁妆及日常生活装饰，如服装、腰带、荷包、花鞋、肚兜、围裙、汗巾、枕头、钱袋、袜底、鞋垫等。几何图案和植物花卉是最常见的设计主题。动物形象较少出现，但与花卉相配的鸟类和蝶类图案与花卉图案融为一体，创造出一种视觉上的朦胧效果。其中，"凤凰来仪""孔雀开屏""百鸟朝凤""鸳鸯戏水"等象征吉祥的题材较为常见。

（七）陶器烧制技艺

陶器烧制技艺被列入第五批自治区级非物质文化遗产名录。

陶器烧制是一种传统的陶瓷制作技艺，其要点是对陶瓷生坯进行初步的烧制，这一过程称为素烧。素烧的主要目的是提高坯体的机械强度，使其不易损坏，同时为后续的施釉和再次烧制做好准备。

泾源素陶烧制技艺代表性传承人是泾源县大湾乡牛营村的李治明。经过数十年的摸索，李治明掌握了用不同配料的六盘山当地料土，煅烧出红陶、灰陶、黑陶、青绿陶等不同的素陶胎色。

（八）泾源剪纸

剪纸是一种用剪刀或刻刀在纸上剪刻花纹，用于装点生活或配合其他民俗活动的民间艺术。在中国，剪纸具有广泛的群众基础，交融于各族人民的社会生活中，是各种民俗活动的重要组成部分。其传承赓续的视觉形象和造型格式，蕴含了丰富的文化历史信息，表达了广大民众的社会认知、道德观念、实践经验、生活理想和审美情趣，具有认知、教化、表意、抒情、娱乐、交往等多重社会价值。

（九）九碗十三花制作技艺

九碗十三花是泾源地区的传统宴席菜肴。泾源的宴席热菜主要以肉类为主，注重实在，通常包括烩羊肉、烩素鸡、烩酥肉、烩肉丸、烩肚丝、红烧牛肉、八宝饭等佳肴。在农村，宴席有两种习俗。一种是每上一道菜，宾客需吃完后才撤下，直至最后一道菜，待全体宾客放下筷子后才一并收回。另一种是"九碗三行"的宴席，这是泾源的传统正宗筵席，常见于婚丧礼仪活动，通常用于招待大量的宾客和亲属。随着社会发展和人民生活的改善，又增加了四道凉菜，总共十三道菜，包括各种水果、干果、面点等。

（十）麦芽糖制作技艺

麦芽糖又称为饴糖，也是最早的人工糖，历史可追溯到3000年以前，饴、饧在古代，主要指的是麦芽糖的制成品。相对而言，"饧"的质地较坚硬。植物种子发芽时一般会产生糖化酵素，从而把淀粉水解成麦芽糖。麦芽糖不太容易结晶，但很容易制成胶状物质。它是古人最早制作出的甜味剂。

马玉良从小就跟随爷爷和父亲学习麦芽糖的制作，延续至今他已经是第三代传人，今年59岁的他依然坚守着这门老手艺。他所传承的麦芽糖制作技艺，于2021年入选第六批自治区级非物质文化遗产代表性项目扩展项目名录。

（十一）泾源小曲

泾源小曲以简洁的历史故事演出闻名，演出常见于庭院室内，展现了百姓的淳朴忠厚和对爱情的执着。其表演风格深情动人，唱腔清晰婉转，富有感染力。2024年泾源小曲入选第七批自治区级非物质文化遗产代表性项目名录。

李华是该项目的固原市级非物质文化遗产代表性传承人，自1979年起，演唱了《张连卖布》《牧童放牛》《秋莲捡柴》《小姑贤》《双官诰》《李彦贵卖水》

等 30 多部作品。张进元同样为非物质文化遗产代表性传承人，自 2018 年起致力于剧本整理，已整理《下四川》《闹书馆》《打子》《小放牛》《货郎相亲》《挡马》《秋莲捡柴》等 20 部作品，对 50 余种唱腔有深入研究，并于 2020 年荣获泾源县优秀代表性传承人称号。

（十二）泾源蒸鸡制作技艺

冶德玉是泾源蒸鸡制作技艺的代表性传承人。冶德玉在制作泾源蒸鸡时，采用了一系列传统而精细的步骤，确保了这道菜肴的美味和独特性。首先，他选择本地散养的黄皮鸡，将其分割成块，并通过去腥提香的处理，如加入葱花、姜末和秘制调料面来腌制鸡块。关键的一步是使用香醇的胡麻油，这不仅为鸡肉增添了独特的风味，还有效地锁住了鸡肉的鲜嫩汁液。

在面饼的制作上，冶德玉同样不遗余力，选用冬小麦粉，经过和面、揉面、醒面三道工序，使面饼质地更加柔韧。之后，他将面饼擀成大大的薄片，卷上花边，放入蒸笼中。土豆切成小丁，平铺在面饼上，再将腌制好的鸡块铺在上面，最后撒上一层酥油面粉，浇上调味汤汁，整个组合上锅蒸制。炭火持续旺烧 40 分钟，使得鸡肉的鲜香汁液渗透到面饼中，具有浓郁鲜香的特色。

冶德玉的泾源蒸鸡制作技艺不仅保留了鸡肉和土豆的营养成分和本真味道，还通过精湛的技艺和严格的食材选择，确保了这道菜肴的高品质。每一道工序都凝聚着他的心血和智慧，使得泾源蒸鸡成为不仅美味可口，还富有历史和文化内涵的菜肴。该技艺于 2024 年入选第七批自治区级非物质文化遗产代表性项目名录。

三、固原市级非物质文化遗产代表性项目

（一）六盘山根雕

六盘山根雕的核心精神与艺术美学的精髓，均在于尊重自然、避免刻意造作。根雕艺术不仅是美学的体现，更是文化传承的一种形式。创作过程中，艺术家通过敏锐的洞察力，发掘普通树根中蕴含的原始之美，以极其精巧的手法进行微雕，使作品在保持自然本色的同时，融入创作者的情感，达到天人合一的境界。

许沈，作为六盘山根雕的传承者，其家族几代皆以木工为业，得益于生活在六盘山脚下，他常有机会上山寻觅独特形态的树根，以此创作根雕。许沈的根雕作品种类丰富，令人目不暇接。一类为功能性根雕，如茶几、桌椅、花架、烟盒、笔筒等，实用与艺术并重；另一类为观赏性根雕，如飞禽走兽、山水人物等，具有极高的审美价值。一个根雕花架，配以精致的盆景，构成的景致既高贵又雅致。根雕的观赏

价值高，源于其天然形成的独特韵味，集粗犷、质朴、秀美、玲珑于一身，无论单独展示还是组合呈现，都能为环境增添亮点，使人赏心悦目。

（二）打胡墼

打胡墼，在宁夏第九届少数民族传统体育运动会中荣获表演一等奖，在第十一届全国少数民族传统体育运动会中荣获表演二等奖，入选固原市第三批非物质文化遗产代表性项目名录。胡墼又被称为"胡基"或"胡期"，打胡墼是制作用于建筑的长方形土坯。

制作胡墼，首先需寻得一块坚实的平石板，将木制模子置于其上。模子为长方形，长约一臂，厚约一拳，一端设有可开闭的活栓，内部有可活动的挡板。在模子底部及四壁撒上草木灰后，填充湿土，这样做是为了防止湿土粘连模子，确保胡墼的成型效果。"三锨九杵子，二十四个脚底子"，此为打胡墼的行话，描述了其制作过程。操作者手持杆棒，双手双脚灵活地将土壤推入模子内，然后迅速移动脚步，横踩模具中的湿润黄土，接着挺直身体，用脚去除模子边缘多余的浮土，并用脚后跟用力踩压模子的四个角，然后用石杵将湿土夯结实，再脱模。这样，即可完成一块胡墼的制作。

四、县级非物质文化遗产代表性项目

（一）泾源民间器乐

泾源民间器乐，是泾源地区人民群众在长期的生存发展和文化积淀过程中，继承并发扬了古代乐器及西北边疆地区的音乐传统，逐渐演化的一种具有独特风格的民间音乐形式。这种音乐类型深深植根于其地域文化的土壤中，艺术表现形式与当地人民的生活环境和文化脉络紧密相连。在丰富多彩的民族器乐宝库中，泾源民间器乐以其独特的魅力和风采，占据了重要的地位。

（二）泾源纸织画

纸织画如其名，乃是以纸张编织而成的绘画作品，它是中国传统工艺美术的独特代表，起源于隋末唐初，至今已有超过1400年的历史。这种艺术形式将中国画与编织技艺巧妙结合，使画作呈现出一种似真似幻的艺术效果，进一步拓展了独特的审美维度。其特色表现为有素雅、和谐、静谧和朦胧的意境，以及古朴而高雅的艺术韵味，被誉为艺苑中的一朵奇葩。

（三）泾源秦腔

秦腔，地方戏曲剧种，发源于陕西、甘肃一带，因用梆子击节，故也称"陕西梆子"，又因陕西地处古函谷关以西，古称"西秦"，也有"西秦腔"之称，当地也叫"梆

子""桃桃""乱弹戏""中路秦腔""西安乱弹""大戏"等。经戏曲史学界近百年考证和研究，一致认为"秦腔是梆子腔的鼻祖，是中国梆子腔系统的活化石"，主要流行于陕西、甘肃、宁夏、青海、新疆等西北部地区。

1966年3月出生的梁建平，是泾源县大湾乡牛营村人，现任泾源县戏剧协会副主席，泾源县六盘山秦剧团团长，非物质文化遗产代表性项目秦腔代表性传承人。2006年创办梁建平文化大院，2014年创办六盘山秦剧团。曾获固原市秦腔大赛优秀奖，泾源县秦腔大赛一等奖、二等奖等奖项。

（四）泾源脸谱

戏曲脸谱的艺术特性可总体归纳为装饰性、程式性和象征性。秦腔脸谱注重端庄、雅致、清晰、生动和美观。其色彩基础为三原色，辅以间色，主要采用平涂手法，烘托为辅助手法，过渡色使用极少。在体现人物性格方面，红色象征忠诚、黑色代表正直、粉色表现世故，通过对比强烈、色彩鲜明的图案来实现。其风格以线条粗犷、笔触豪放、图案壮丽、寓意直接、格调热烈等为特点，与音乐和表演的风格相统一。

（五）泾源社火

社火起源于古代汉族对土地神的祭祀仪式，"社"即指土地神。由于汉族群体长期以农耕为生，故民众对土地神怀有深厚的敬畏之情，常在春社和秋社时节举行祭祀活动，以示敬意和祈求丰收。唐宋时期，这种祭祀仪式逐渐演变成一种节日庆典，广受欢迎并延续至今。"社火"一词最早出现在宋代孟元老的《东京梦华录》中，描述了农历六月二十四日二郎神诞辰时的热闹场景，乐棚中各种杂戏表演被称为"社火"。南宋范成大的《上元纪吴中节物俳谐体三十二韵》也有类似记载，提及"社火"是民间鼓乐的一种，以幽默诙谐的方式取悦观众。百姓通过此类活动，祈愿风调雨顺、国泰民安，同时也以此驱邪祈福，迎接新春和神灵的到来。

【课程资源】

宁夏泾源非物质文化遗产概况1

宁夏泾源非物质文化遗产概况2

任务三　宁夏泾源非物质文化遗产代表性传承人

一、自治区级民间故事传承人

漆效文，男，1945 年出生，宁夏泾源县六盘山镇和尚铺村人。作为泾源民间故事的代表性传承人，他分别入选泾源县第二批、固原市第三批及自治区第五批非物质文化遗产代表性传承人名单。他的讲述涵盖了 50 多篇故事，如《和尚铺的来由》《城隍庙的故事》《老鼠啃黄蜡》《大柳树》《蛇精的故事》《狐狸送子》《四兄弟养父》《货郎担》《葫芦偷油》《老还少》《拜寿》《风水先生》《刘海玉狐狸》《送灶爷》《孟姜女》《殷梨花送饭》等。

2018 年、2019 年，他因在泾源县非物质文化遗产保护方面的突出贡献，荣获优秀传承人称号。

二、自治区级"赶牛"代表性传承人

于明付，男，1973 年 11 月出生，泾源县泾河源镇底沟村人。作为泾源"赶牛"传承人入选自治区第三批非物质文化遗产代表性传承人名单、固原市第二批及泾源县第一批非物质文化遗产代表性传承人名单。

于明付从七八岁开始上山放牛，学习大人们玩耍的"赶牛"游戏，并对其产生浓厚的兴趣。自己熟练掌握泾源"赶牛"技艺后，对这一游戏规则摸索着进行规范，使泾源"赶牛"更有娱乐性和趣味性。于明付将泾源"赶牛"传授给村里的年轻人和自己的儿子。现有代表性传承人 60 余人，游艺队伍不断扩大。

三、自治区级剪纸传承人

于福琴，女，1964 年出生，宁夏泾源县泾河源镇涝池村人。作为泾源剪纸的传承人入选自治区非物质文化遗产第三批代表性传承人名单、固原市第二批及泾源县第一批非物质文化遗产代表性传承人名单。在 2016 年的宁夏剪纸创意大赛中，其作品荣获"铜剪刀"奖，次年在固原市的首届剪纸比赛中再次获得同等级别的荣誉。

于福琴对剪纸艺术的热爱源于母亲的深刻影响。她的母亲在村庄中以剪纸和刺绣技艺闻名，邻近村庄的人在举办婚礼时都会寻求她的作品。自幼的耳濡目染使于福琴对剪纸和刺绣艺术产生了特殊的兴趣，并开始了她的艺术生涯。

于福琴的主要剪纸作品包括根据泾源十大民间故事创作的人物剪纸，特别是"柳毅传书"系列，其精细入微的技艺使人物形象栩栩如生，图案层次分明。《龙女牧羊》

《龙女托书》《传书洞庭》《骨肉团聚》《义重情深》等作品，人物形象生动逼真。此外，她的《梅、兰、竹、菊》和《魏徵梦斩泾河老龙》剪刻作品，纹样细腻，色彩处理柔和，同样引人注目。这些作品多次在区、市、县的展览中展出。她还举办了 8 次剪纸培训班，培训了超过 300 人的剪纸爱好者。

四、自治区级方棋代表性传承人

马金玉，男，1955 年 9 月出生，泾源县泾河源镇余家村人。从七八岁开始向村里大人们学习"下方"这一游戏，并对"下方"产生浓厚的兴趣，刻苦钻研并熟练掌握其技艺。

多次代表市县参加了第一届至第五届宁夏少数民族传统体育运动会，获得两次金奖、两次银奖。在固原市举办的各类方棋比赛中获得过多次第一名的好成绩。传承和训练"下方"人员 45 人。目前是泾源县自治区级方棋非物质文化遗产代表性传承人。

五、自治区级山花儿代表性传承人

禹明江，男，1952 年出生，宁夏泾源县新民乡石咀村二组村民，作为泾源山花儿的代表性传承人，入选自治区第四批非物质文化遗产代表性传承人名单，固原市第二批及泾源县第一批非物质文化遗产代表性传承人名单。他积极参与县文化馆组织的各类文艺演出活动，并在山花儿比赛中表现突出，荣获一等奖、二等奖和三等奖各一次。

禹明江对山花儿及民歌的演唱技艺有着深厚的功底，能够熟练驾驭多种唱法和曲调。其演唱的代表性山花儿作品包括《上去高山望平川》《小郎害病》《赶麦场》《山里的野鸡娃红冠子》《老来难》以及《阿哥的肉》等，深受听众喜爱。

此外，禹明江还致力于山花儿艺术的传承与发展，成功举办了 4 次山花儿培训班，累计培训人员超过 60 人，为山花儿艺术的传承与发扬贡献了自己的力量。

张滢，女，出生于 1967 年，非物质文化遗产代表性项目山花儿的代表性传承人。目前，她担任泾源县文化馆的副研究馆员，专注县内的艺术工作长达 30 多年，从秦腔到歌舞，从歌颂山川到演绎山花儿，始终致力于推广和发扬泾源的文化。她多次参加区市级的山花儿比赛，屡获佳绩。代表性的歌曲有《人说泾源好地方》《走进泾源》《啊，神秘的老龙潭》和《六盘山下的庄稼汉》等。

六、自治区级九碗十三花代表性传承人

计永平，男，第六批自治区级非物质文化遗产代表性项目"九碗十三花制作技

艺"的传承人，同时也是该美食的发掘者。他在 2019 年出席了由世界中餐业联合会主办的"地方特色小吃"品鉴会，其间，"九碗十三花"荣获"最具特色小吃奖"。在 2021 年的宁夏黄河流域非物质文化遗产美食大赛中，该菜品再次荣获"最具匠心奖"。

七、自治区级踏脚代表性传承人

马荣堂，男，出生于 1954 年，泾源县香水镇园子村第七小组村民。他是自治区级非物质文化遗产踏脚项目的传承人，同时也是固原市及泾源县该项目的传承人。

马荣堂自幼就赢得了"踏脚王"的美誉。20 世纪七八十年代，踏脚是村民们主要的文化娱乐活动。无论是在田间地头，还是在碾麦场上，马荣堂作为村里踏脚活动的"领军人物"，只要看到大家有空闲，就会组织人们一起玩踏脚。随着时间的推移，他的踏脚技艺超群，常人难以企及，因此被尊称为"踏脚王"。

马荣堂主要将踏脚技艺传授给家族中的年轻一辈，如侄子和外甥等。在他的教导下，有 3 人曾 8 次代表自治区参加全国少数民族传统体育运动会的踏脚比赛。

项目三　非物质文化遗产代表性项目"赶牛"

导读

本项目我们将一起探索中国传统文化中独特的泾源地区非物质文化遗产"赶牛"技艺。这项传统农耕文化的智慧结晶，不仅展现了人与自然和谐相处的哲学，更蕴含着世代农人深厚的生活智慧和艺术创造力。通过学习，同学们将了解到"赶牛"技艺的历史渊源、独特技巧以及它在现代社会中的传承与价值。

学习目标

【知识目标】

1. 理解和掌握泾源"赶牛"的发展历史，包括早期形态、发展进程和主要传统元素。

2. 理解并分析泾源"赶牛"产生的历史和社会背景。

3. 掌握泾源"赶牛"的基本情况及独特属性。

【技能目标】

1. 具备评估生态环境对地方农业和牧业活动影响的能力，特别是对"赶牛"形成的影响。

2. 能够运用所学知识，有效设计泾源"赶牛"的介绍性或教育性文档，以提升信息整合与表达技巧。

3. 具备策划和执行"赶牛"活动的能力。

【素质目标】

1. 培养深入探究问题的思维习惯和独立研究能力。

2. 提升思考能力，以全面理解泾源"赶牛"的文化价值和意义。

3. 培养对本土文化的自信心，能够有效地参与和融入此类活动中。

【案例导入】

"赶牛"——六盘山地区独特的运动景观

在宁夏南部镶嵌着一片被大自然慷慨馈赠的绿色宝地——泾源县。这里，六盘山如巨龙盘卧，其丰富的林草资源如同大自然的恩赐，为畜牧业提供了理想的繁衍生息之地。历史上，牧牛就是当地人生活的重要组成部分，与他们的日常活动紧密相连，形成了一种独特的文化现象。

早前的泾源，百姓无其他收入来源，靠放牛为生。在牛儿们悠闲地啃食青草时，放牛娃们聚集在一起，玩起了各种游戏，"赶牛"便是其中一种。

追溯历史，泾源"赶牛"游艺起源于古代农耕社会，在这片广阔的山岭之间，智慧的牧民为打破单调的牧牛生活，创造了一种既充满乐趣又带有竞技性的游戏，释放劳动的疲惫，增强体质，同时也增进了人与自然、人与动物的和谐相处。

随着时间的推移，这种传统的"赶牛"从起初的即兴娱乐活动逐渐演变成了一项具有规范规则的体育活动。每年节庆活动的"赶牛"表演，不仅丰富了百姓的文化生活，也进一步提升了泾源县的知名度和影响力。

任务一　"赶牛"产生的背景

一、泾源"赶牛"概述

"赶牛",不仅是源于真实生产生活的无心之作,更是放牛娃们为了打破单调的乡村生活,通过在田野间的探索与生活体验而创造出的运动形式。这项非物质文化遗产项目经过代代相传,逐渐在全国大型体育赛事中屡获佳绩,成为泾源县文化的一张亮丽名片。

"赶牛"活动并非简单地驱赶"牛",而是一种融合了智慧、勇气、力量和团队精神的竞技。游戏规则规定,在一片平坦区域设立多个"牛窝",并使用特定的石块或木块作为"牛"。参与者分为防守和进攻两队,进攻方需运用策略引导"牛"进入对方的"牛窝",而防守方则需保护自己的"牛窝",适时将对方的"牛"驱赶出去。游戏展现出智慧与力量的巧妙结合。

该游戏的显著特征是禁止用手直接接触"牛",着重突出了正确使用"赶牛"棒的必要性。这一设计不仅提升了游戏的挑战性和娱乐性,还锻炼了参与者的策略规划技巧。当"牛"被成功驱赶出"牛窝"后,围绕"牛窝"的激烈竞争随即展开,要求参赛者具备灵活的应变能力和对控制权的争夺能力。若未能占领"牛窝",游戏规则要求回归实际的牧牛活动,这巧妙地将游戏与现实生活相结合,赋予"赶牛"更深的文化内涵。

二、泾源"赶牛"产生的背景因素

泾源"赶牛",作为宁夏回族自治区级民族游艺类非物质文化遗产,在全国少数民族传统体育运动会中屡获佳绩,彰显了其独特的文化价值和艺术魅力。该非物质文化遗产项目不仅深刻反映了泾源地区传统放牧文化的悠久历史和深厚底蕴,更在现代化进程中展现出了强大的适应能力和创新活力。

首先,从地域放牧文化的视角审视,泾源"赶牛"游艺活动根植于泾源地区牧牛群众长期的放牧生活实践之中。不同地域的放牧生产活动各具特色,而泾源地区的放牧活动则以其独特的地理环境和人文背景为基础,形成了具有鲜明地方特色的文化。这种文化不仅体现在牧民的日常生活和生产活动中,更通过泾源"赶牛"这一游艺活动得以传承和发扬。

其次,从非物质文化遗产的演变过程来看,泾源"赶牛"经历了从传统游艺到非物质文化遗产的演变。随着封山禁牧、生态移民等政策的实施以及现代化进程的加速推进，泾源地区传统的放牧生产方式逐渐淡出历史舞台，取而代之的是规模化、现代化的养殖模式。然而，泾源"赶牛"游艺活动并未因此消失，反而在国家政策的支持和文化部门的推动下，成功列入非物质文化遗产名录，并在全国少数民族传统体育运动会等重要场合亮相，成为展示泾源文化魅力的重要窗口。

作为自治区级非物质文化遗产项目，泾源"赶牛"在不同展示场景中展现出了多样的形态和风貌。在民族运动会上，泾源"赶牛"不仅承担着向公众传播非物质文化遗产的重任，还需满足运动会表演类项目的特定要求，具有浓厚的舞台表演色彩。而在非物质文化遗产进校园等展示活动中，泾源"赶牛"则更加注重寓教于乐，通过解说、演示和组织等多种形式，让青少年了解并热爱这一传统文化。此外，在原生态地区向非物质文化遗产体验者展示时，泾源"赶牛"更是以其独特的环境、人员组织和展呈方式，为体验者带来了前所未有的文化体验。

泾源"赶牛"作为宁夏自治区级非物质文化遗产项目，其传播与传承是一个动态变化的过程。在这一过程中，泾源"赶牛"不仅承载着传统放牧文化的深厚印记，更在现代化进程中展现出了强大的生命力和创新力。它不仅是对传统技艺的二次创造与传承，更是中华优秀传统文化的重要组成部分。

【课程资源】

"赶牛"产生的背景

任务二 "赶牛"产生的条件

非物质文化遗产本质上表现为文化传承,同时也集中反映了特定地区生产、生活和生态三者的密切关联。在这一关联中,生态的层面发挥着决定性的影响作用。此处所指的生态,主要指一个区域的自然环境特质,包括气候条件、地理特征等多种因素。这些特质对当地居民的生产活动产生深远影响,塑造了他们独特的生活方式。

例如,湿润的气候和丰富的水源可能推动水稻等水生农业的发展,相反,干旱的气候和贫瘠的土壤,可能迫使人们转向畜牧业或特殊种植以适应生存。这些不仅揭示了地域生态对人类生产方式的深远影响,也体现了人类适应和利用环境的智慧。

一、泾源的地域生态资源

为了全面而深入地探讨泾源县的地域生态特性,我们需要从多个维度和层面进行细致的分析,这些维度包括其独特的地理位置、自然环境、气候条件以及地形地貌等关键因素。通过《泾源县"十四五"生态环境保护发展规划》,来窥探泾源县的生态奥秘。

泾源县,位于宁夏固原市的最南端,得名于著名的泾河之源头。它与甘肃省的多个地区紧密相连,东侧与甘肃省平凉市崆峒区接壤,南部与甘肃省的华亭市、庄浪县相邻,西侧紧邻隆德县,北部则与固原原州区、彭阳县交界。历史上,泾源因其重要的地理位置被誉为"秦风咽喉,关陇要地",凸显了其在区域交通与战略中的重要地位。

(一)地理地貌多样

泾源县地处多变的地理结构之中,六盘山山脉贯穿其西部,崆峒山则位于其东北部,共同塑造了该县自西向东逐渐降低的地势。县域内海拔高度差异显著,最低点为1608米,最高点达到2942米,地貌类型繁多,包括侵蚀构造石山区、剥蚀构造丘陵区以及侵蚀堆积河谷平川区。这些地貌类型分别占据了县域总面积的36%、24%和40%,共同构筑了泾源县地貌景观的独特性。

(二)水资源丰沛

从水资源方面看,泾源县同样具有得天独厚的优势。这里不仅是泾河干流的发源地，还汇聚了茹河、颉河、沙塘河、羊槽河、香水河、东峡河等一级支流以及盛义河、新民河二级支流等8条较大河流，这些河流均属于泾河水系，流域面积广阔，达到了1020平方公里，河流总长度更是达到了191公里。然而，受降水分布不均的影响，境内地表径流也呈现出显著的季节性特征，主要集中在7~9月份，这一时期的径流量多年占据平均径流量的较大比例。

（三）气候温润舒适

气候方面，泾源县属于温带半湿润区，具有典型的森林草原类型气候特点。这里四季分明但各具特色，"春寒、夏凉、秋短、冬长"的气候特征尤为显著。年均气温稳定在6.4℃左右，年日照时数达到2370小时，无霜期相对较短，为141天。而年均降水量则较为充沛，达到了641毫米，为当地的生态环境提供了充足的水资源支持。

（四）生态资源丰富

在生态资源方面，泾源县同样表现出色。县域总面积达到1131平方公里，其中管护林地总面积为330平方公里（不含六盘山林业局管护范围）。受六盘山山体垂直带的影响，植被类型丰富多样，涵盖了山地植被、森林植被和沼泽植被等多种类型。高等植物种类繁多，共有788种之多，其中包括了桃儿七、黄芪等国家重点保护的珍稀植物。此外，由于山林面积广阔且生态环境良好，泾源县也成为众多野生动物的理想栖息地。这里共栖息着陆栖脊椎动物206种之多，其中包括金钱豹、林麝等国家一级保护动物以及红腹锦鸡等国家二级保护动物。

这些资料为我们深入了解和梳理泾源县的地域生态特征提供了重要的依据和参考。同时，也为进一步探讨"赶牛"这一非物质文化遗产产生与发展的生态环境背景奠定了坚实的基础。虽然这些数据可能无法完全还原泾源县早期历史的生态状况，但它们无疑为我们打开了一扇全面而深入了解泾源县地域生态特征的重要窗口。

二、泾源生态物候条件对农业的影响

泾源受六盘山脉和崆峒山脉的地质影响，拥有相对丰富的自然资源，但也导致了耕地短缺和气候条件对农业生产不利的影响。由于这两座山脉显著的海拔差异，对气温产生重要影响。随着海拔升高，气温通常呈下降趋势，每上升100米，气温平均下降约0.6℃。尽管年日照时数与同纬度地区相当，约为2370小时，但年均气温仅6.4℃左右，这种低温条件限制了作物种类，这里主要种植冬小麦和土豆，高海拔地区则种植杂粮。

此外，由于地形不同，降雨分布也受到影响。受夏季东南季风影响，六盘山东麓的泾源降雨量相对较多，降雨主要集中在7~9月，导致河流汛期集中。然而，山地地形也使得一些地区易出现冰雹、夏季降雪等极端气候，对作物生长构成挑战。

地貌上，地貌的多样性反映了降雨对土壤侵蚀和堆积的影响。湿润的气候条件使得植物根系对岩体造成一定程度的侵蚀，冬季冰冻作用进一步加剧了岩体的破坏，夏季的集中降雨则将未被植被覆盖的碎石冲刷至河谷平川，对耕地质量产生影响。

三、泾源农业耕作与放牧活动

在泾源地区，放牧活动呈现出独特的农耕特性，与草原牧业有着显著的差异。六盘山的地质主要由黏质黄土构成，此类土壤含有较高的黏性，质地紧密，保水性能优越，但可能导致排水性不足，易引发水土流失现象。六盘山的复杂地形、多雨的山腰地带以及相对湿润的气候条件，共同塑造了该地区土壤类型和耕地特征的多样性。

1. 土壤肥力与植被覆盖。六盘山山腰地带的降雨充沛，气候湿润，适宜林木生长，形成了茂盛的天然次生阔叶林。这种丰富的植被覆盖有助于土壤有机质的积累，从而提升了土壤的肥力。森林覆盖的不同类型对土壤结构、肥力和保水能力产生直接影响。

2. 土壤类型的多样性。在六盘山区域内，除了黏质黄土，还存在新积土、灰褐土、黑垆土、潮土、黄绵土、粗骨土等多种土壤类型。这些土壤的分布受地形、母岩和气候等多因素影响。例如，新积土常见于河流冲积平原，而黑垆土可能出现在更干旱的地带，黄绵土则分布于平坦的耕作区域。

在泾源地区，当地的农田土壤与相邻黄土高原的地质特性有所差异，当地人分别称之为"黄土"和"胶泥土"。黄土具有优良的排水性，有利于植物生长，但容易发生水土流失，地块相对稀少；胶泥土耐水性好但排水性能差，排水不及时导致土壤表层积水，进而引起土壤板结，影响农作物的产量。

20世纪70年代至90年代，泾源农业主要依赖自然降水，但过多的降雨和排水不良会导致内涝，影响作物生产。因此，解决土壤板结问题对当地农业生产至关重要。1981年前，农业生产主要由人民公社组织，机械化水平低，每个村只有一台拖拉机。生产大队会安排专人饲养耕牛和骡马以提升耕作能力。

1981年后，实施了家庭联产承包责任制，农户开始自养耕牛，每户通常至少拥有一头牛，部分家庭甚至种植苜蓿以补充饲料。在非农忙季节，耕牛多在山区放养，由于普遍的放牛需求，逐渐形成了大规模的放牛群体。这些群体主要由青少年组成，他们在放牧过程中传承了"赶牛"的传统游戏，为泾源地区独特的"赶牛"游艺文化的形成奠定了广泛的群众基础。

【课程资源】

"赶牛"产生的条件

任务三　"赶牛"的特征

"赶牛"游艺作为非物质文化遗产体系的传统体育游艺与杂技的重要代表，其特征表现为无形性与传承性、动态性与流变性、娱乐性与竞技性。

一、无形性与传承性

泾源地区的"赶牛"游艺，系传统游戏游艺，经代代口传心授得以延续。作为非物质文化遗产，其核心价值主要在于无形性。这种无形性指的是，"赶牛"游艺承载着具有泾源地域特色的生活方式、情感交流方式、智慧体现、思维模式以及独特的世界观、价值观和审美观。尽管物质元素在其中起到辅助作用，但其真正意义在于人的参与和体验，尤其是通过口传心授的方式传承下来的文化精髓和审美价值。这种无形的文化资产，在不同的观察者视角会产生多元的文化理解与认识，是人类文明多元性的源泉。

"赶牛"游艺的无形性与有形物质是相辅相成的。

它的传承性体现在历史沿袭中，世代相传是其本质的反映。传承不仅是维持，更是一个不断演化和创新的过程，通过"口传""教授"和"模仿"等方式得以延续。传承者需要掌握相关的知识、观念和技能，这些元素构成了"赶牛"非物质文化遗产文化的重要组成部分。

然而，面对现代生活方式的变迁，包括"赶牛"游艺在内的许多传统游艺面临传承困境。因此，我们期望有机会接触这些知识的人，尤其是年轻一代，能够承担起传承的责任，成为传播和保护优秀民族文化的使者。

二、动态性和流变性

泾源"赶牛"另一特征主要体现为动态性和流变性。作为一种文化表现形式，泾源"赶牛"在持续的传承与发展中维持着一定的稳定性，同时又不断地展现出变革的特性。在 20 世纪 80 年代至 90 年代，经过文体部门的推动，"赶牛"从广受欢迎的游戏形式，逐渐转变为少数民族运动会上的传统体育表演项目，这鲜明地揭示了其能够随环境变化而演进的特性。

在传承的动态过程中，"赶牛"作为非物质文化遗产无法完全避免受受众理解的影响，导致一定程度的演变。其教育、演示与传递活动均处于持续变化的状态，与人民群众的实际参与密切相关，是特定时空背景下的立体多维的动态活动。"赶牛"

游艺的表达与承继密切关联社会政策、人文环境、地理条件等多方面因素，这些因素的变迁推动"赶牛"非物质文化遗产内容进行适应性变革，从而提升了其内在活力。因此，"赶牛"非物质文化遗产的演进历程表现为传承与创新、一致性与多样性的辩证关系，在变迁中与周边的文化、历史、民族特性相互交织，展现出传承与发展的共生现象。

三、娱乐性和竞技性

泾源"赶牛"游艺，其独特魅力在于浓厚的娱乐性和竞技性。这种源自农村的传统体育游艺，不仅是一种娱乐方式，更是一种文化传承，展现了中国农耕文明的深厚底蕴。

其娱乐性主要体现在活动的趣味性和参与的广泛性上，无论老少，都能在"赶牛"的游戏中找到乐趣，增进集体的凝聚力。而竞技性则体现在对技巧和策略的考验上，参赛者需要巧妙地引导"牛"，通过各种障碍，以最快的速度赶到对方的"牛窝"，这无疑需要较强的反应能力和策略规划能力。

【课程资源】

"赶牛"的特征

任务四　"赶牛"的价值意义

一、有利于促进身心健康

泾源"赶牛"游艺，作为一种独特的民间活动，实际上是一种蕴含教育意义的体育形式。在活动中，参与者需在田野间灵活运用"赶牛"棒，以对抗与竞技的方式，将"石牛"或"木牛"成功引导至预设的"牛窝"之中。此过程不仅要求参与者具备优秀的体能素质，更考验其反应的敏捷性与身体的协调性。在追逐与引导的过程中，参与者的肌肉得以有效锻炼，心肺功能得以显著提升，同时亦能培养耐心与坚韧不拔的毅力。

相较于现代健身房中的器械化运动，泾源"赶牛"游艺更加贴近自然，其运动方式更为生动灵活，更有利于促进身心的和谐与全面发展。据当地村民反馈，长期参与此项活动的人士，普遍展现出强健的体魄与良好的身体状态，充分彰显了泾源"赶牛"游艺在强身健体方面的独特价值。

二、有利于传承民俗文化

泾源"赶牛"游艺不仅仅是一项体育运动，它更是承载着深厚民俗文化价值的非物质文化遗产。这项活动源自古代农耕社会，是伴随着劳动人民的生产生活而诞生的游戏，随着时间的推移，它逐渐演变成了一种富有地方特色的民俗游艺活动，成为泾源地域文化的象征。

随着工业化和城镇化的进程，许多传统民俗活动面临着消失的危机。保护和传承"赶牛"游艺，就是保护人们的文化记忆和精神家园。通过组织和参与"赶牛"游艺，人们不仅能够重温那些古老的传统，还能够激发现代人对传统文化的兴趣和尊重，从而促进文化的传承和发展。它也为年轻一代提供了一个了解和体验传统文化的平台，使他们能够在实践中学习和感悟地域文化的精髓。对于孩子们来说，这种亲身体验的方式，比单纯的书本知识更能激发他们对传统文化的热爱和认同，有助于培养他们的文化自信和民族自豪感。

因此，保护和传承"赶牛"游艺，对于维护文化多样性、促进文化创新、增强凝聚力都具有重要的意义。我们应该采取有效措施，如加强宣传教育、举办文化节庆活动、鼓励民间传承等方式，让"赶牛"游艺这一宝贵的文化遗产得以代代相传，绽放出新的光彩。

三、有利于寓教于乐

泾源"赶牛"游艺活动在娱乐价值上有着举足轻重的作用。在当今快节奏的社会环境中，人们往往疏远了与自然的亲近，而"赶牛"游艺则成为一个纽带，使人们得以回归自然，有效缓解工作生活压力。在此过程中，参与者需凭借智慧与技巧，驱赶"石牛"或"木牛"进"窝"，这既是一场充满挑战与趣味的体验，也是一次对自然法则深刻领悟与尊重的过程。人们得以沉浸于大自然的节奏之中，体会人与自然和谐共生的美好，进而实现身心的放松与压力的释放。

"赶牛"游艺活动具有深厚的教育和研学价值。该活动着重强调团队协作和策略布局，需要参与者具备倾听、沟通、协作的技巧，并能共同制定及执行策略。相较于传统的教育方式，青少年群体通过实践性的研学课程，更能激发他们的学习热情和兴趣，使他们能够在游戏和挑战中实现自我提升，对他们的性格塑造和能力发展具有积极的促进作用。

近年来，参与"赶牛"游艺活动的人数呈现逐年递增的趋势，这不仅彰显了公众对自然与传统活动的热爱，也反映了人们对娱乐方式多元化、教育意义丰富化的活动的追求日益增强。因此，保护并推广这一富含乡土风情与文化底蕴的活动，对于丰富民众休闲生活、提升公众环保意识以及促进和谐发展均具有重要意义。

四、有利于提升文化体验感

"赶牛"游艺，宛如一部鲜活的历史画卷，展示了泾源地区特有的农耕生活方式。它富含深厚的历史内涵，同时传达了人类与牛、与大自然和谐共存的哲学思想。在那些遵循日出而作，日落而息规律的日子里，农民与牛共同劳作，建立了紧密的情感联系，这种关系对现代社会如何理解与自然和谐共生具有直接的启示作用。

首先，从学术的视角分析，"赶牛"游艺是农耕文化的重要体现，对于理解和传承这种文化具有重要的价值。它揭示了人类如何在与自然的相互作用中创造出适应环境的生活模式，是人类智慧的集中体现。"赶牛"游艺不仅是对劳动场景的生动描绘，更是人与自然和谐共存的艺术体现。

其次，通过组织"赶牛"节等活动，我们能够将这种独特的文化展现给更广泛的受众。游客在参与过程中，既可领略到浓郁的乡土风情，也能深入理解该地区的历史传统和人文精神。近年来泾源"赶牛"活动吸引了大量外地游客，极大地促进了当地旅游业的发展，丰富了旅游产品种类，同时也带动了相关产业就业人数的增长。

再次，保护和推广"赶牛"游艺对于提升地区文化影响力和维护文化多样性具

有长远意义。在全球化的趋势下，各地区面临着如何保持自身文化特色的问题。"赶牛"游艺的传承与发扬，正是对地方文化独特性的坚守，对于构建多元共存的文化生态具有积极的推动作用。

因此，我们必须珍视并传承这种农耕文化遗产，通过创新的方式将其融入现代社会，使其在历史的演变中展现出新的活力。唯有如此，我们才能真正实现文化的传承与创新，让历史的智慧照亮我们前行的道路。

【课程资源】

"赶牛"的价值意义

【拓展阅读】

"赶牛"与历史上的步打球

据《唐音癸签》记载，唐代存在一种名为"打球乐"的舞蹈，由魏徵在贞观初年创作。实际上，"打球乐"是"步打球乐"的简称，步打球与"赶牛"两者玩法相近。此舞蹈的伴奏曲目在唐玄宗李隆基时期仍保留，后被李隆基改编为"羯鼓曲"。唐代女诗人鱼玄机曾创作了《打球作》，诗中描述：

坚圆净滑一星流，月杖争敲未拟休。

无滞碍时从拨弄，有遮栏处任钩留。

不辞宛转长随手，却恐相将不到头。

毕竟入门应始了，愿君争取最前筹。

诗作以步打的球为对象，描绘了硬木球在杖击下如流星般移动的情景。由于诗中未提及马，可推测为步打。诗中运用比喻，将"球"比作有生命的女子，表达了一种复杂的情感。王建《宫词一百首》中也有相关描述：

> 殿前铺设两边楼，寒食宫人步打球。
>
> 一半走来争跪拜，上棚先谢得头筹。

可见，王建的这首诗描写当时宫人于寒食节这天在宫殿前表演步打球。王建的诗和鱼玄机的诗分别描绘了女子和男子步打的情景，显示出唐代宫廷中步打球的流行。

"步打"在唐代之后的很长一段时间内广为流传。宋代时被称为"步击"，《宋史·礼志》记载了当时步打球的场景，宫廷中的马球比赛后，会有步击表演以供娱乐。后来步打球逐渐演变为非对抗性比赛，取消球门，采用球穴，球入穴得分，称为"捶丸"。其规则与"赶牛"游戏有相似之处。

由于泾源地区深受关中文化影响，其风俗习惯与关中地区相近，"赶牛"游戏的起源可能追溯到唐宋时期的步击和捶丸活动，堪称历史的活化石。

与"赶牛"运动相类似的非物质文化遗产是内蒙古莫力达瓦达斡尔族自治旗的草地曲棍球。该运动是达斡尔族的传统体育项目，在达斡尔语中被称为"贝阔他日克贝"，其中"贝阔"指的是球棍，这些球棍通常由根部弯曲、枝干挺直的柞木削磨加工而成。球在达斡尔语中称为"朴列"，其大小与棍球相当，分为木球（与"赶牛"用球相似）、毛球、火球三种，偶尔也会使用骨球。木球是由柞树根削磨制成；毛球则是由畜、兽毛搓制而成；火球主要用于夜间比赛，由桦树上长出的已硬化的白菌疙瘩制成，壳硬内空，球上穿通数孔，注入松明并点燃后，烟火不熄。

达斡尔族的传统曲棍球比赛通常在重大节日、集会或空闲时间举行，以氏族（莫昆）、村屯为单位进行。比赛场地多选在平坦的草地或村中开阔的地方，场地大小并无统一规定。场地两端各设有一个球门，参赛的两队人数相等，以打进对方球门多者为胜。比赛规则严格规定，不得从左侧抢球和击球，不得使用球棍打人或绊人，除守门员外，不得用手按球或以脚踩踢球。

新疆的帕普孜运动，维吾尔语意为"曲棍球"，与现代曲棍球有相似之处，是历史悠久的维吾尔族传统体育项目。在现代球类运动普及到新疆之前，它已在南疆地区的农民和青少年中广泛流传。帕普孜运动以其高强度的体能要求和激烈的竞技

性著称，其比赛场地和器械设置简单灵活。农民通常在农闲或休息日，选择平坦的空地或农田作为临时球场，底线放置任意物品作为球门，场地尺寸随地形变化。比赛双方各持曲棍，尝试将椭圆形硬球打入对方球门，以进球数量决定胜负。球体形状类似苹果，由硬木或皮革制成。木质球被称为"夏克夏克"，也有使用线球的情况。球棍长度约为 0.8 米，一端弯曲，形状近似现代冰球棍。标准比赛场地长度为 60 米，宽度 40 米，但也有较小的场地。比赛由两队进行，每队 7~9 人，总时长 40 分钟，分为两个 20 分钟的半场，中间休息 5 分钟。

比赛开始时，双方在中心一个直径 0.2 米的圆圈内争球。球出圈后，球员持棍争夺控球权，尝试将球推向对方球门，进球多的队伍为胜者。如果比赛结束时平分，将延长 10 分钟，5 分钟后交换场地。规则规定，球员不得用身体任何部分阻挡球，否则视为犯规，对方在犯规地点罚球。发球方击球前，对方不得触球。击球时，球棍不得高于腰部，否则视为犯规。此外，不得用棍击打对方球员，也不允许用手抓球或用脚踢球。

中华人民共和国成立以来，新疆的体育工作者为推动帕普孜球的广泛传播，确立了统一的竞赛规则，使其规范化。1983 年，帕普孜球被正式纳入全国少数民族传统体育运动项目。在以维吾尔族为主的喀什地区麦盖提县，多数乡村设立了专门的帕普孜球队伍，积极参与全国及自治区组织的少数民族体育赛事和农民运动会。1983 年在麦盖提县举行的自治区农民运动会及 1986 年在乌鲁木齐召开的第三届全国少数民族传统体育运动会上，麦盖提县的帕普孜球手以其精湛技艺赢得了观众的赞赏和高度评价。

1999 年，新疆大学将帕普孜球纳入体育课程，旨在增强学生体质的同时，提升他们对少数民族传统文化的了解和热爱。喀什、伊犁等地的教育机构也相继引入了这一运动。在新疆的高校体育教材中，专门辟有章节介绍帕普孜球等少数民族体育项目。每年的高校运动会上，帕普孜球作为比赛项目，激发了广大师生的浓厚兴趣。近年来，随着越来越多的内地学生在新疆求学，帕普孜球也进入了他们的体育课程，不少学生将这项运动带回了自己的家乡，使得新疆的民俗文化和传统体育在全国范围内得到了传承和推广。

思考与练习

一、填空题

1. 非物质文化遗产的英文缩写是_____。

2. 根据《保护非物质文化遗产公约》，非物质文化遗产包括社会实践、观念表达、具体表现形式、知识体系、技能技艺等，以及与之紧密关联的_____、_____、_____。

3. 非物质文化遗产的传承方式以_____为核心，通过声音、形象和技艺等表现形式进行传承。

4. 我国非物质文化遗产保护工作的法律体系初步建立的标志是_____的颁布实施。

5. 体育非物质文化遗产的特点包括传承性、活态性、身体性、地域性和_____。

6. 宁夏自治区级非物质文化遗产名录由_____负责确定，并经自治区人民政府正式批准公布。

7. 泾源"赶牛"作为体育类项目，于_____年入选宁夏区级非物质文化遗产名录。

8. 非物质文化遗产的评选标准包括基本标准和具体标准，基本标准之一是_____。

9. 泾源县目前拥有的国家级非物质文化遗产代表项目是_____。

二、选择题

1. 下列不是非物质文化遗产特点的是（   ）。

　　A. 传承性　　　　B. 活态性　　　　C. 多样性　　　　D. 物质性

2. 非物质文化遗产与物质文化遗产的主要区别在于（   ）。

　　A. 历史价值　　B. 物质形态　　C. 民族个性　　　D. 传承方式

3. 我国非物质文化遗产保护工作的措施中，不包括（   ）。

　　A. 抢救性保护　　B. 物质性保护　　C. 生产性保护　　D. 生活化保护

4. 体育非物质文化遗产的流变性主要表现在（   ）。

　　A. 项目表现形式的创新　　　　B. 项目的彻底淘汰

　　C. 项目的固定不变　　　　　　D. 项目的单一化

5. 以下不是体育非物质文化遗产分类的是（   ）。

　　A. 武术类　　　　B. 竞技类　　　　C. 游戏类　　　　D. 美术类

6. 宁夏非物质文化遗产名录设立于（　　　）。

 A.2006 年   B.2007 年   C.2008 年   D.2009 年

7. 非物质文化遗产的保护和传承工作，主要依靠的群体是（　　　）。

 A. 政府机构 B. 文化企业 C. 传承人 D. 学校教育

8. 与山花儿项目有关的传承人是（　　）。

 A. 于福琴 B. 于全明 C. 禹明江 D. 马荣堂

三、判断题

1. 非物质文化遗产的保护工作主要是通过物理保存和修复来传承的。（　　）

2. 非物质文化遗产的传承性特点意味着它只能通过文字记录来保存。（　　）

3. 非物质文化遗产的保护措施包括了抢救性保护、整体性保护、生产性保护及生活化保护等方面。（　　）

4. 非物质文化遗产的多样性特点表明它只包括人类文化的某一个方面。（　　）

5. 体育非物质文化遗产的分类中，舞蹈类非物质文化遗产项目不具有体育属性。（　　）

6. 非物质文化遗产的活态性特点是指它存在于人们的日常生活中，随着时间和社会环境的变化而发展变化。（　　）

7. 非物质文化遗产项目评选的基本标准之一是独特性，这表明项目必须具有历史传承和延续性。（　　）

四、简答题

1. 请简述非物质文化遗产的传承方式与物质文化遗产的传承方式有何不同？

2. 非物质文化遗产的活态性特点是什么？请结合实际例子说明。

3. 体育非物质文化遗产的身体性特征主要体现在哪些方面？

4. 简述非物质文化遗产的传承方式和特点。

五、讨论

1. 讨论当前非物质文化遗产面临的挑战是什么，在非物质文化遗产保护工作中，核心关注点是什么。

2. 结合《中华人民共和国非物质文化遗产法》的相关条款，深入理解我国非物质文化遗产传承的制度体系，讨论并明确各级别非物质文化遗产项目申报所需提交的详尽材料，以及整个申报过程所遵循的严格流程与预计的时间框架。

第二部分　技能篇

项目一　"赶牛"技艺操作

导读

本项目我们将深入了解"赶牛"游艺技艺操作。"赶牛"游艺是一种古老而有趣的民间游戏，它不仅考验参赛者的技巧和反应速度，还蕴含着丰富的文化内涵。我们将从基础操作讲起，逐步引导学生掌握"赶牛"游艺的规则和技巧。通过图文并茂的说明和视频演示，学生将学会如何正确使用"赶牛"工具，以及如何在游戏中作出快速而准确的判断。

学习目标

【知识目标】

1.掌握"赶牛"的基本流程和操作规范。

2.学习"赶牛"中使用的工具和设备的名称及其功能。

【技能目标】

1.能够熟练进行"赶牛"的基本操作。

2.能够识别并使用各种"赶牛"工具和设备。

【素质目标】

1.培养对"赶牛"传统技艺的尊重和保护意识。

2.增强团队合作精神，与他人协作完成"赶牛"任务。

【案例导入】

在生产力有限的时期，牛被视为家庭的重要财产和劳动力，其主要功能是用于耕作，而非作为食物。用非物质文化遗产代表性传承人于明付的表述来说："牛比娃儿金贵。"农民们普遍认为牛是重要的劳动力，直接关系到一年的春耕计划。因此，耕牛在当时更受重视，人们对牛怀有特殊的情感。

尽管牛的性情温和，但其体型庞大，对于放牛者来说，使用"赶牛"棒来引导牛，也是一种自我保护的必要方法。这反映在游戏规则中，即"赶牛"时必须使用"赶牛"棒，禁止用脚或手接触牛。

即使在"赶牛"游戏中使用的是由石头或木头制成的"牛"，人们在击打时也会保持适度，就像在实际放牧中不虐待或惊吓牛一样。这种克制的举动也降低了游戏中意外伤害他人的可能性。

任务一 传统"赶牛"工具

一、被击打器械"牛"

我们在此所描述的是一种特别的，用于"赶牛"特定活动的"牛"的象征物。此"牛"并非指鲜活的牲畜，而是由木头或石头精心制作的仿制品，形状可以是圆形，也可以是方形。其选择与使用，将根据活动空间的大小以及参与者数量，由经验丰富的非物质文化遗产代表性传承人以专业判断来决定，并作为此类活动的核心工具。

（一）定义

在"赶牛"活动中，有一种道具被称为"牛"，它是被"赶牛"棒敲击的石块或木块，通过被击打滚动进入指定区域，以判断得分。早期，此类道具多采用坚固的石块或圆形的木质瘤块，而后期则逐渐被方形木块所替代。

（二）材质

1. 石头。在早期，放牧者所使用的"牛"的仿制品主要由石头制成，这是因为石头在山区是一种常见的自然资源。常见的石料或鹅卵石都被巧妙地用以制作石质"牛"的材料。

2. 木头。木制的"牛"，通常是使用木块或植物的根瘤来制作，其原始形态多为圆形。然而，随着时间的推移，考虑到特定场地的适应性，木"牛"的形状多被改为方形。

（三）规格与应用

在早期的"赶牛"游戏中，游戏道具通常由山区牧童就地取材，选用石头或木头的尺寸依据参与者的人数和游戏场地的条件而定。当参与人数超过10人时，会采用直径25~30厘米的大型"牛"，而10人以下则选择8~15厘米的小型"牛"。选取的首要原则是材质的耐久性，不易破裂且重量适中，以防止在被"赶牛"棒击打后产生离地飞起的情况。

游戏的场地通常选择在平坦的草地，游戏开始前，须在场地中心挖一个能容纳"牛"的坑作为"牛圈"，其直径为50~70厘米，深度为20~25厘米，足以隐藏"牛"，使其不露出地面。周边的"牛窝"直径设定为25~30厘米，深度12~15厘米，以能容纳"赶牛"棒的棒头为标准。

在现代，木制的"牛"多呈现正方形，尺寸大约为 15 厘米（见图 2-1）。其重量设计要确保在被"赶牛"棒击打时保持在地面上而不致轻易飞离，且适用于草地或硬化地面等不同场地。

对于硬化地面，由于无法实施挖坑，因此需要使用画线工具在地面上标记出"牛圈"和"牛窝"的位置。"牛圈"的直径设定为 95 厘米，"牛窝"的直径为 45 厘米，两者之间的间距至少应保持 2.5 米。

图 2-1　"木牛"

二、击打器械"赶牛"棒

（一）定义

"赶牛"棒，又称牛鞭、牧牛棒，是一种专门用于驱赶和管理牛群的传统农具。它通常由坚韧的木料制成，长度在 1.2~1.4 米之间，一端设有增重的木质根瘤，以增强挥舞时的力度和准确性。

"赶牛"棒的设计巧妙，在放牧活动中，能够有效驱赶牛群且不对牛造成伤害，既防止了牛只的走失，也避免了它们受到野兽的攻击。同时，在必要时刻也能保护牧牛人免受牛只或外界威胁的伤害。在举办的"赶牛"游艺活动中，"赶牛"棒发挥着至关重要的作用，牧牛人通过巧妙地挥舞和敲击"木牛"，从而控制其移动和改变方向。

（二）材质选择

在"赶牛"棒的制作过程中，通常优先考虑采用具有根瘤部木结的天然木材，这种木材在地方上被称为"杠木"，其学名为辽东栎。辽东栎是壳斗科栎属植物，落叶乔木，高达 15 米，树皮灰褐色，纵裂（见图 2-2）。以果实壳斗、树皮、根皮入药。生于山坡林中，主要分布于宁夏、辽宁、吉林、黑龙江等地。

制作时，工匠会精细地去除树皮，并确保木材的质地坚硬，无虫蛀和腐朽的迹象。此外，要求其表面平滑，无任何杂质。底部的根瘤部分会进行彻底的清理，去除所有枝杈和杂物，以保证其整体的品质。

图 2-2　辽东栎

图 2-3 "赶牛"棒

图 2-4 方斗

（三）规格和尺寸

规格与尺寸方面，"赶牛"棒的理想长度通常在 1.2~1.4 米之间，其粗度以直径约 3 厘米为宜，确保其良好的握持性；棒头部分的直径约为 8 厘米（见图 2-3）。为了便于区分不同的游戏队伍，可采用不同颜色的涂色。

三、计时器——方斗

（一）器物选择

"赶牛"比赛中传统计时用的工具，是结构稳定的木质容器方斗（见图 2-4），呈三角形或四方形，其特点是上宽下窄，底部设有穿孔和活塞装置。该器物双侧设计有握柄，可供绳索穿过以悬挂使用。内部装盛小米，用以执行计时功能。

（二）形态特性

木质方斗，顾名思义，其主体材质选用的是木头，这种取之自然的材料，既环保又耐用，能有效抵御湿度的影响和虫害的侵袭，确保量器的准确度。其形状上部宽阔，下部狭窄，这样的设计不仅方便粮食的取放，更能在有限的空间内最大化地容纳粮食，体现出古人在空间利用上的精妙构思。

制作木质方斗选用坚硬、纹理细腻的柏木或楠木等。匠人精心挑选、切割、打磨，确保尺寸和形状精确。采用古老铆合技术，将木板紧密拼接，形成坚固无缝的容器。每处接缝、每道卯榫都凝聚匠人的心血和智慧，展现中国传统工艺的卓越技艺。

（三）使用方法

首先，确保方斗安全地悬挂在架子上，同时用活塞堵塞其底部。然后将一个桶置于其下方，作为接物容器。通常比赛过程中会注入约 2.5 千克的小米到方斗内。比赛开始时，裁判员给出信号，工作人员立即拔掉塞子，使小米自然流入桶内。当方斗内的小米完全漏尽时，裁判员立即宣布时间到，比赛结束。竞技时长一般在 7~8 分钟。

（四）文化底蕴

木质方斗，一种具有悠久历史和精湛工艺的计量器具，曾在农耕社会中扮演重要角色，其测量的每一斗粮食，都直接关系到一个家庭的温饱问题，甚至影响着国家的稳定。因此，它不仅是计量工具，更是权力和责任的象征，寄托着人们对丰收的期望和对生活的敬畏之情。

方斗的原始功能是衡量粮食的体积，其计算单位遵循十进位制，一斗相当于十升，而十斗则等同于一石。在中国古代，计量标准极为精确。以现今的换算，一升小米重 1.6~2 斤，故一斗小米的重量为 16~20 斤。在比赛中，用方斗计时，鲜明地体现了泾源地区农耕文化与牧业文化相融合的文化特色。

尽管现代科技发展，电子秤和容量瓶等测量工具已广泛应用，木质方斗在实际生活中的使用逐渐减少，然而，它在历史中留下的烙印和承载的文化价值，值得我们珍视并传承。木质方斗如同一部历史教科书，其粗犷的质地中流露出质朴与真实，让我们能够感受到那个遥远时代的温度。

四、牛头道具

在众多的竞技比赛中，道具的使用往往能为比赛增添一份独特的魅力。牛头道具（见图 2-5），在"赶牛"比赛的上台展示和退场仪式中，都能有效地提升现场的气氛效果，为观众带来难忘的视觉体验。

牛头道具的设计灵感源于大自然中坚韧不屈的牛群。在传统的牧牛文化中，牛被视作力量和坚韧的象征，它们在牧童的引导下，无论面对何种困难，都能坚定地向前走。这种道具的引入，旨在通过视觉的具象化，将这种精神传递给参赛者和观众。

图 2-5 牛头道具

在比赛的上台展示环节，参赛者高举牛头道具，仿佛自己是竞技场上的勇士，这种模拟的情景不仅增加了比赛的观赏性，也激发了运动员的斗志和观众的期待。道具的制作材料通常选用草绳、麻绳等自然材料，这些材料的质感和颜色能与比赛场地形成和谐的呼应。其尺寸大概在 60~70 厘米之间，既不会过于庞大影响视线，又能确保运动员轻松地双手握持。

退场仪式是牛头道具应用中的另一关键环节。在揭晓比赛结果之后，失利一方须展现出谦逊之态，俯身屈膝，而胜利方则骑跨其背以退场。在这一过程中，失利方手持牛头道具，宛若牧人引领着劳顿的牛群归家，这一充满戏剧性的场景既彰显了比赛的公正性，也映射出参赛者的风范与团队协作精神。此外，此类退场方式在观众心中留下了难以磨灭的印象，赋予了比赛终结以仪式感和叙事性。

牛头道具以独特的设计和丰富的象征意义，成功地在比赛中营造出强烈的氛围感，使比赛不仅仅是力量和技巧的较量，更成为了一场视觉和情感的盛宴。无论是胜利的荣耀，还是失败的尊严，都能通过这个小小的道具，得到生动而深刻的表达。

【课程资源】

传统"赶牛"工具

任务二　"赶牛"的场地布置

一、场地选择

在精心策划一场激动人心的"赶牛"活动时，首要的挑战无疑是寻找并确认一块合适的活动场地。这个过程的重要性不言而喻，因为它直接影响到活动的顺利进行和参与者的体验。

（一）平整的草坪

理想的场地应该是一个宽阔平整的草坪，其地面状况允许进行必要的挖掘工作，以设立临时的"牛圈"（见图2-6）和"牛窝"（见图2-7），增加比赛的趣味性和挑战性。

图2-6　"牛圈"和中心防守圈

图2-7　"牛窝"

（二）平整的土地

如果草坪场地不可用，那么次优的选择就是一片平坦的、可以挖坑的土地。这样的场地虽然可能需要更多的前期准备，如平整土地，设置安全边界等，但仍然可以满足活动的基本需求。

（三）硬化地面

混凝土、塑胶场地等硬化地面不允许挖掘，并且地面平滑，阻力小，在比赛过程中可能会导致"牛"滚动过快、过远，难以控制。常见的解决方法是扩大范围，并使用白灰或滑石粉在地面上画线，以此来划定比赛区域。这种方法虽然不能提供实际的物理障碍，但可以通过视觉提示增加比赛的规则感和竞技气氛。

在场地确认的过程中，还需要考虑到其他因素，如场地的可访问性，预期参与人数，以及可能的天气条件等。同时，为了确保所有参与者的安全，必须在活动开始前进行详细的场地安全检查，并在必要时设置安全设施，如围栏、警示标识等。

二、场地划线

在组织一场独特的"赶牛"活动时，场地的布局是至关重要的一步。以下是详细的划线程序，以创建一个既安全又有趣的"赶牛"游戏场地，让参与者能够全身心地投入其中。

（一）确定中心点

通常是通过测量和标记场地的对角线来实现的。一旦确定了中心点，就可以在此处设定"牛圈"的位置。"牛圈"的直径设计为 50~70 厘米，这个尺寸既不会因为过大，影响游戏的流畅性，也不会因为过小，限制参与者的移动空间。

（二）设定防守圈

在"牛圈"外围，以适当的距离（直径 1~1.5 米）绘制防守圈，确保防守圈可容纳攻、守方各 1 名选手的位置。

（三）设定"牛窝"

在防守圈外围 3~4 米的距离处，按照环形对称分布，设定 6 个小"牛窝"。这样的布局可以鼓励参与者在更大的区域内进行策略性的移动和配合。

（四）标记发球线和罚球线

为了确保游戏的公平性，需要明确界定出线球和犯规的位置。标记出发球线和罚球线，这些线将清晰地指示参与者在何时何地可以进行特定的动作，从而避免因场地模糊导致的争议。

（五）标记边界线

以"牛圈"为中心，划定一个边长为 30 米 × 32 米的矩形边界线。这个边界线不仅界定了游戏的活动区域，也确保了游戏的安全性，防止参与者在激烈的比赛中超出场地范围，造成不必要的风险。

通过以上步骤，我们可以创建一个既有趣又有挑战性的"赶牛"游戏场地，提供一个集运动、激发智慧和团队合作于一体的活动空间，让每个参与者都能在其中找到乐趣和成就感。

【课程资源】

"赶牛"的场地布置

任务三　"赶牛"的赛前准备

为了确保比赛的顺利进行，参赛者需要在赛前进行一系列的准备工作，以最佳的状态迎接挑战。

一、心理准备

"赶牛"比赛不仅考验选手的技巧，更考验选手的心理素质。参赛者需要保持冷静的心态，克服对比赛结果的过度焦虑，以平和、专注的态度面对比赛。通过冥想、自我暗示等方式，调整心态，增强自信心，以达到最佳的比赛状态。

二、身体准备

"赶牛"比赛需要选手有良好的身体素质和敏捷的身手。参赛者会进行一系列的体能训练，如跑步、力量训练和耐力训练，以提高身体的协调性和反应速度。此外，选手还会模拟比赛中的各种情况，进行实战演练，以熟悉比赛节奏，提升操控的技巧。

在任何体育活动中，赛前热身环节都是至关重要的，它不仅能够唤醒沉睡的肌肉，为即将来临的激烈运动做好准备，还能有效预防运动伤害。

热身环节通常包括3个主要部分：加快心率的练习、拉伸练习以及适应比赛的专项练习。

（一）加快心率的练习

加快心率的练习是热身的起始阶段，其目的是逐渐加快血液循环，使血液中的氧气和营养物质能够更有效地输送到肌肉中。这可以是轻松的有氧运动，如慢跑、跳绳或骑自行车，持续5~10分钟，让身体从静息状态逐渐过渡到活动状态。根据美国运动医学会的研究，适当的热身可以提高心肺效率，使运动员在比赛开始时就能达到最佳状态。

（二）拉伸练习

拉伸练习在热身阶段往往被忽略，尽管它具有至关重要的作用。通过拉伸，可以提高关节的活动幅度，降低肌肉紧张与僵硬状态，从而预防运动过程中可能发生的伤害。进行静态拉伸时，应针对每个主要肌肉群拉伸动作持续20~30秒，并重复2~3次。例如，对肩部、背部、腿部及臀部进行拉伸，是不可或缺的环节。

（三）专项练习

专项练习构成了热身活动的高潮阶段，其目的在于模拟比赛中的特定动作与动

作序列，为即将到来的竞技挑战做好身心准备。这通常涉及与比赛直接相关的技能练习，例如篮球的投篮与传球技巧、足球的控球与射门技术，以及田径赛事中的起跑与转弯动作等。专项练习不仅能够提升动作的效率与精确度，还能在心理层面帮助运动员进入竞技状态。

一套完善的热身流程是赛前准备的关键环节，有助于运动员在身体与心理两方面达到最佳竞技状态，进而提升比赛表现，并减少受伤的可能性。因此，无论是职业运动员还是业余爱好者，均应给予赛前热身足够的重视。

三、安全预案

制定安全预案对于确保比赛的顺利进行至关重要。组织者与参赛者必须对比赛中可能出现的各类风险有所预见，包括但不限于突发意外、极端天气状况以及场地障碍，并应预先拟定相应的应对措施。

四、应急救援

应急救援的准备工作对于保障人员安全至关重要。比赛现场必须有专业的医疗团队随时待命，以迅速应对可能出现的意外伤害。同时，参赛者亦应掌握基础的急救技能，以便在紧急状况下能够进行自我保护或对他人施以援手。

泾源"赶牛"游艺活动的参赛者在赛前的准备工作是一项全面而系统的任务，它包括心理、身体、安全及应急等多个层面，目的是确保比赛的公正性、安全性。只有经过充分的准备，参赛者才能在比赛中发挥出最佳状态，为观众呈现一场视觉与精神上的盛宴。

【课程资源】

"赶牛"的赛前准备

思考与练习

一、填空题

1. "赶牛"活动中使用的"牛"的材质可以是_____或_____。

2. "赶牛"棒通常由坚韧的木料，如_____制成，长度在_____之间。

3. 木质方斗的设计上宽下窄，底部设有_____和活塞装置，内部装盛_____以执行计时功能。

4. 在"赶牛"活动中，场地中心挖的坑被称为_____，其直径为50~70厘米。

5. 赛前热身环节包括加快心率的练习、_____以及适应比赛的专项练习。

二、选择题

1. 木质方斗的原始功能是（　　　）。

    A. 计时

    B. 衡量粮食体积

    C. 装饰

    D. 储存液体

2. 以下不是赛前热身环节的内容是（　　　）。

    A. 加快心率的练习

    B. 拉伸练习

    C. 专项练习

    D. 极限挑战训练

3. 赛前准备工作旨在（　　　）。

    A. 提升比赛成绩

    B. 确保比赛的公正性和安全性

    C. 增强比赛的观赏性

    D. 降低比赛成本

三、判断题

1. "赶牛"活动中的"牛"可以用任何大小的石头或木头制作，没有具体规格限制。（　　　）

2. 木质方斗除了用于计时外，还曾是衡量粮食体积的重要工具。（　　　）

3. "赶牛"活动的比赛场地必须选择草坪。（　　　）

四、简答题

1.简述"赶牛"活动中"牛"的材质选择和规格应用。

2.简述为什么赛前热身环节对参赛者非常重要。

3.简述木质方斗在"赶牛"活动中的使用方法及其文化意义。

五、实训题

设计一场模拟"赶牛"活动,并提供一份活动安全预案和应急救援方案。

项目二 "赶牛"的竞赛规则

导读

常言道："无规矩不成方圆。"生活的各个领域均需遵循一定的规则。本项目将从参赛者资格要求入手，深入探讨"赶牛"竞赛的规则体系，逐步引导学生全面掌握"赶牛"竞赛的规则及赛程安排。

学习目标

【知识目标】

1.掌握"赶牛"游艺的基本规则和竞赛流程。

2.了解"赶牛"游艺的评分标准和胜负判定方法。

【技能目标】

1.能够描述"赶牛"游艺的竞赛规则，并在实际游戏中应用这些规则。

2.学会观察和分析"赶牛"游艺比赛，提高观赛时分析比赛的能力。

【素质目标】

1.培养公平竞争意识和遵守规则的自觉性。

2.通过游戏体验，提高解决问题的能力和应对挑战的勇气。

【案例导入】

9月10日，第十一届全国少数民族传统体育运动会表演项目进入第二个比赛日，宁夏代表团挖掘整理的民间体育项目不仅赢得了观众的热烈掌声和欢呼声，也得到了评委的高度认可，两个节目相继获得了高分。

上午9时许，室外表演项目"赶牛"第6个上场。随着裁判的哨音，双方各10名队员在场上拼抢、攻防，当一方将"牛"赶进"牛圈"得分后，场外的裁判用摆放牛角的方式进行计分；比赛结束后，得到牛角多者获胜。输掉比赛的一方用"赶牛"棒将获胜方队员像抬轿子一样抬起来离开赛场。上下两个半场的比赛中，队员们在赛场上如孩童般呐喊、奔跑，享受着"赶牛"的无穷乐趣。而台下的评委和观众也被这项淳朴的民间体育形式所感染，不时报以热烈的掌声和喝彩声。"赶牛"最终获得了9.03的高分。

据"赶牛"项目教练介绍，相传古时候泾源县泾河两岸的山里娃为改变常年单调乏味的放牛生活，发明出一种游艺活动，后来被称作"赶牛"，与古老的曲棒球有异曲同工之妙，适合青少年玩耍，既有趣味性，又有较强的观赏性。2011年，"赶牛"被挖掘整理后首次亮相全国少数民族传统体育运动会，就获得了一等奖。

资料来源：《"赶牛""羊逗羊倌"相继获高分！宁夏民间体育项目赢得满堂彩》

载《宁夏日报》2019-09-11

任务一 "赶牛"的规则

一、参赛人员要求

组织参赛队伍是各类竞赛活动之核心环节,其不仅彰显了团队的凝聚力,亦是展现团队精神风貌的关键途径。参赛前,各参赛队伍必须完成一项重要的任务——给队伍命名。队伍名称应具备创新性,既可反映团队之特色,又能吸引观众及评委之关注,例如,黄牛队、飓风队、野狼队等。队伍名称需在规定时限内上报组委会或裁判,以保障比赛顺畅进行。

(一)队伍的组成结构

1. 正式队员。每支队伍需要设立一位领队和一位队长,同时,正式队员的人数不得超过 10 人。

2. 替补队员。为了应对比赛中可能出现的突发情况,每队可配备 3 名左右的替补队员。他们需要保持最佳状态,随时准备上场,以确保团队的竞争力。

(二)领队及队长的工作职责

领队是团队的管理者,负责协调团队内部事务,对接与组委会的沟通工作。队长则是团队的灵魂,他需要在比赛中发挥领导作用,激励队员,同时在场上与裁判保持良好的沟通。作为球队在场上的代表,队长应佩戴明显的标识,如臂章或特殊颜色的队长袖标,以便裁判和观众识别。队长有权在比赛中与裁判进行交流,解决规则争议,或代表队伍提出问题。当队长因故离开球场时,教练应迅速指定新的场上队长,并及时通知裁判员,以确保比赛的连续性。

队伍的构建和管理是比赛成功的关键因素之一。每个成员都应明确自己的职责,共同为团队的目标努力。通过合理的人员配置和有效的沟通,参赛队伍可以更好地展示实力,提高比赛的观赏性和竞技性。

二、场地构成

在激动人心的"赶牛"比赛中,一块精心设计的场地是比赛公正、有序进行的基础。标准的"赶牛"场地尺寸为 30 米 ×32 米(见图 2-8)。

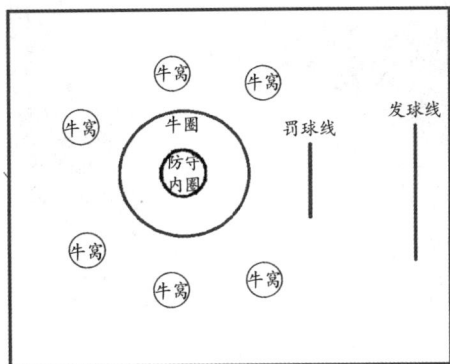

图 2-8 "赶牛"场地示意图

1. 发球线。发球线是比赛开始或重新开始的地方。当裁判员吹响比赛开始的哨声，进攻方的队员们必须从这条线处发球，将"木牛"推向对方的防线。

2. 罚球线。裁判判决违规、罚球的起始位置。在竞赛过程中，当出现诸如推挤对手或不合规使用"赶牛"棒等违规行为，例如持棒横阻队员行进，或者将"赶牛"棒举过腰肩部等可能构成危险的动作时，裁判员会果断中止比赛。此时，违规队伍的队员将被要求在罚球线处重新开始比赛。

3. 边线。边线是比赛的边界，任何情况下，"木牛"都不允许出界。如果出界，裁判员会根据规则作出判断，可能是重新发球，也可能是罚球，这为比赛增加了更多的变数和不确定性。

4. "牛圈"。位于场地核心位置的"牛圈"，是决定比赛得分的关键点。当进攻方能成功将"木牛"赶进此区域时，进攻队将获得 2 分。这样的设计激发了对中场的激烈争夺，从而使比赛更为紧张刺激。

5. "牛窝"。环绕在"牛圈"周围的是"牛窝"。每个"牛窝"旁边，攻守双方各有一名队员随时待命。如果"木牛"能够被推进"牛窝"，进攻方将得到 1 分。这种得分方式鼓励了进攻方队员们在场地的各个角落展开全面的攻势。

6. 防守内圈。防守内圈是被视为至关重要的战略区域。每支队伍会派遣一名精英队员在此驻守，其职责是阻遏对手的攻势，并确保自身不离开这个限定区域（包括手持的"赶牛"棒）。此外，防守圈外的地带对其他队员封闭（包括手持的"赶牛"棒），这一规定提升了比赛的复杂性及战术灵活性。

三、比赛时间安排

1. 比赛的计时将严格依赖精确的计时器，以确保公平公正。在比赛过程中，参赛者们将全力以赴，争分夺秒，直到方斗计时器（见图 2-9）中小米完全漏完，标志着比赛的正式结束。比赛时间为 7~8 分钟。

2. 为了充分决出胜负，还设置了加时赛环节。在主赛阶段，如果两支队伍的得分持平，那么比赛将进入激动人心的加时赛。加

图 2-9 方斗计时器

时赛的规则同样严格，时间长度将由赛事组委会根据赛事情况而定，确保每一场对决都能有一个明确的胜者。

【课程资源】

"赶牛"的规则

任务二 "赶牛"的比赛流程

比赛流程旨在确保赛事的流畅性和观赏性。参赛队伍于赛前熟悉场地、调试设备和制定战术。比赛开始后，攻守双方激烈对抗，得分决定胜负。比赛结束，参赛者调整状态，工作人员确认结果。如有加时赛，两队重新开始，全力以赴，直到有人胜出。比赛结束后，专业裁判团队公正评分，确定胜者。鼓励观众积极参与，为参赛者加油，营造热烈氛围。

一、赛前热身

赛前热身应包括提升心率的活动、动态拉伸等动作。

（一）提升心率的活动

进行心率提升的热身活动有助于提高体温，增强肌肉的柔韧性，减少运动时受伤的风险。热身活动包括以下几项。

1. 原地快步走。保持站立姿势，双脚并拢，随后进行原地快速行走，逐渐加快步伐，持续时间为 30~60 秒。

2. 高抬腿。保持站立姿势，轮流将两条腿抬高，尽量使膝盖达到最高点，交替进行，持续时间为 30~60 秒。

3. 后踢腿。站立时，身体向前移动的同时，尽量将脚后跟向臀部方向抬起，交替进行，持续时间为 30~60 秒。

4. 慢跑热身。身体微微前倾，保持核心肌群收紧，维持身体平衡与稳定，避免过度晃动。持续时间建议为 3~5 分钟，过程中可根据自身状态适当调整速度和步伐，以微微出汗、身体发热但不感到疲惫为宜（见图 2-10）。

图 2-10 热身慢跑

5. 开合跳。从站立姿势开始，双脚并拢，然后跳起同时将双脚分开至两侧，双臂向上伸展至头顶上方，形成 "X" 形状。落地时，保持膝盖略微弯曲，以吸收落地时的冲击力。随后再次跳起，双脚并拢，双臂回到身体两侧，恢复起始姿势。持续时间为 30~60 秒。需要注意的是，此动作对膝关节冲击较大，因此在落地时应使用前脚掌着地，避免脚跟着地，并保持膝盖微弯，防止过度伸展，从而减少对膝盖的冲击，降低受伤的风险。

（二）提升心率注意要点

1. 渐进式增强强度。从低强度活动开始，逐渐增加运动强度，让身体有时间适应。

2. 全身覆盖。确保热身活动涵盖上肢、下肢和躯干的所有部位。

3. 适宜时长。热身运动应持续 5~15 分钟，具体时间应根据个人体能和运动强度而定。

（三）动态拉伸

动态拉伸是任何运动前不可或缺的部分，有助于提高肌肉强度和柔韧性，增强关节活动范围，减少运动损伤的风险。在热身过程中保持平稳的呼吸，避免屏息。热身运动不应导致过度疲劳，以免影响后续运动表现。

1. 肩部伸展。将一只手臂交叉于胸前，用另一只手臂轻轻拉住肘部，向身体方向拉伸，保持 15~30 秒，然后换另一边。

2. 胸部伸展。站立，双手在背后交叉，轻轻向后伸展，保持 15~30 秒。

3. 腰部旋转。站立，双脚与肩同宽，双手放在腰部或抱肘，向左和向右缓慢扭转腰部。

4. 腿部伸展。站立，一条腿向前迈步，前腿弯曲，后腿伸直，身体向前倾斜，拉伸后腿的筋，保持 15~30 秒，然后换腿。

5. 全身伸展。站立，一条腿向前迈步，身体前倾，双手尽量触及脚尖或地面，拉伸全身，保持 15~30 秒，然后换腿。

（四）动态拉伸注意要点

避免在热身初期进行长时间的静态拉伸，因为这可能减少肌肉力量和爆发力。拉伸时不要用力过猛，感觉有轻微的拉伸感即可。每个动作保持 15~30 秒，避免快速弹跳式的拉伸。呼吸要均匀，拉伸过程中不要憋气。如有疼痛感，应立即停止拉伸。根据个人体能和柔韧性，适当调整拉伸的程度和时间。

二、选手入场

1.待命阶段。在比赛的初始阶段,各参赛队伍的运动员在队长的带领下,手持"赶牛"棒,准备进入比赛场地。

2.呼喊口号。裁判员发出开始信号后,各参赛队伍成员须将"赶牛"棒高举过头顶,并伴随着统一的口号步入场地(见图2-11)。

图2-11 入场

图2-12 投掷"赶牛"棒

3.整队。运动员抵达既定位置后,根据指挥口令开始排列队形。右手持棒,轻触棒头于地面,确保棒身紧贴身体右侧,静候裁判员的进一步指令。

4.投掷"赶牛"棒。在裁判员哨声的指令下,参赛者们依次开展"赶牛"棒的投掷环节。在该环节中,所有参赛者必须确保"赶牛"棒的头部朝向后方,将棒身置于肩部,通过双臂向下施力于棒尾,运用肩部作为支点的杠杆原理,以及利用棒头的离心力,促使棒子自然向前飞出(见图2-12、图2-13)。

图2-13 投掷"赶牛"棒动作示范

注意：在投掷前确保比赛场地无人滞留；在裁判员下令后，从左至右依次进行投掷；投掷时保持面向比赛场地，棒子的飞行方向应向前，禁止用手代替肩膀作为支点；确保在向下压棒子时保持棒身直线，避免击中队友或自身。

5.确定攻守双方。裁判员将依据"赶牛"棒的投掷距离来判定攻守双方。投掷距离最远者，其队伍将被判定为进攻方。

6.准备就绪。裁判员哨声响起后，参赛队员应迅速取回自己的"赶牛"棒，并前往指定的"牛圈"，静候进一步指令。此时，双方队长应进入防守圈内，站在"牛窝"旁边（见图2-14），同时确保自己的队员准备就绪。

图2-14 双方队长站在"牛窝"旁

三、进行比赛

（一）预备阶段

在裁判员的哨声响起之际，两队参赛者手持"赶牛"棒，位于"牛圈"近旁，以"吼哈"声作为回应，并通过相互碰撞"赶牛"棒来表明已做好准备（见图2-15）。

图2-15 比赛预备阶段

（二）发球阶段

裁判发出指令后，进攻方的一名队员离开队伍，双方队长站在"牛圈"外，"牛圈"为中间防守区，"牛窝"为周边小得分点。双方队长进入中间"牛圈"防守圈，

队员到周边"牛窝"处集结。发球阶段,裁判发出指令,进攻方一名球员离开"牛窝",担任发球任务。由位于发球线一侧"牛窝"的队员担任发球任务。裁判首次吹哨示意,该队员随即击打"木牛",计时器随即启动。

(三)竞赛阶段

1.进攻方职责。运用"赶牛"棒以引导"木牛"进入"牛圈"或"牛窝",从而获得分数(见图2-16上)。

2.防守方职责。构筑防御体系,确保"木牛"不得进入"牛圈"或"牛窝",必须将"木牛"驱逐出既定区域,尽可能地削弱进攻方的攻势,并消耗比赛时间(见图2-16下)。

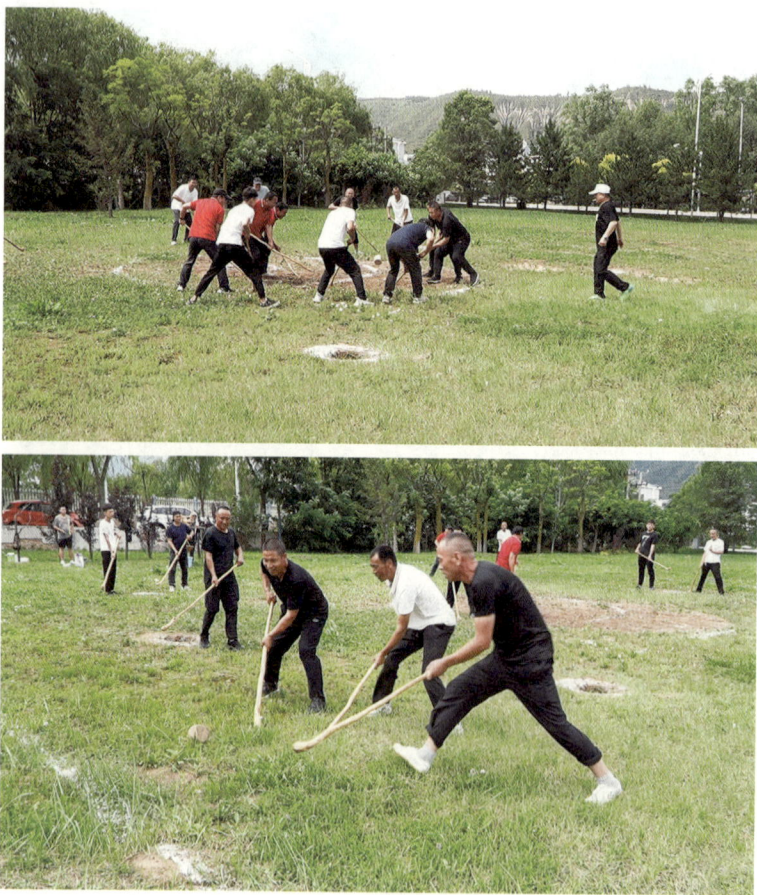

图2-16 竞赛环节

3.防守区域。在"牛圈"周边明确划定界限,双方队长必须在此界限内活动,不得擅自离开。他们应使用"赶牛"棒击打"木牛",同时确保棒头始终位于界限内。其他队员则禁止进入该区域。

4.边界规则。若"木牛"被驱逐出边界，裁判将进行裁决。若判定为进攻方越界，则比赛将从发球环节重新开始；若判定为防守方将"木牛"驱逐出界，则比赛将进入罚球环节。

（四）罚球阶段

在裁判员作出罚球决定后，进攻方将指派一名队员来执行罚球。罚球员需站在罚球线后，面朝反方向，手持"赶牛"棒，棒端向下，从胯下推击"木牛"（见图2-17）。

图 2-17 罚球姿势

在"木牛"滚动过程中，任何人不得进行干扰。待"木牛"停止滚动后，双方方可恢复攻防状态。若罚球直接进入"牛圈"，进攻方将获得1分。

四、进球

当"木牛"进入"牛窝"，裁判员通过哨声宣布进球，进攻方获得1分。哨声响起后，双方队员需手持"赶牛"棒，将棒头插入"牛窝"，顺时针旋转半周，然后交换位置，即转窝（见图2-18）。

当"木牛"被引入中央的"牛圈"时，裁判员吹哨宣布进球，此时进攻方获得

图 2-18 转窝

2分。所有球员必须举起木棒，并按照顺时针方向移动至新的"牛窝"。在位置变换完成后，球员们将在裁判员的哨声指示下互相碰撞"赶牛"棒，并发出"吼哈"之声以示就位。随后，比赛将进入重新发球的环节。若通过罚球进入"牛圈"，裁判员会吹哨示意进球，进攻方得1分，无须更换"牛窝"。

五、比赛结束

在此环节，不仅确认比赛的最终成绩，而且还会对参赛者们所付出的努力和展现出的竞技精神表达最高的敬意。

1. 比赛终止。当比赛结束的信号由记录台发出时，不论比赛是否仍在进行，都意味着比赛结束。如果比赛在执行罚球过程中，将延长至罚球完成。

2. 胜负宣告。比赛进行至最后，裁判宣布比赛结果，并随即启动退场程序。这一环节不仅是宣布比赛结果的关键时刻，也是引导观众情绪的重要节点。在裁判的宣布下，观众将从紧张的比赛氛围中逐渐平复，转而期待下一场赛事的开始。

3. 结束仪式。在退场环节中，比赛的仪式感和娱乐性将达到顶峰。依照传统，败方将以既娱乐又充满敬意的方式，例如背负或用"赶牛"棒抬着胜方代表离场（见图 2-19）。这种独特的仪式不仅提升了比赛的观赏性，也使得比赛的气氛更加热烈，让每一位参与者和观众都能深刻体验到比赛的魅力和乐趣。

图 2-19　运动员下场

比赛结果是对参赛者付出的公正评价，也是对观众期待的圆满回应。

【课程资源】

"赶牛"的比赛流程 1

"赶牛"的比赛流程 2

任务三 "赶牛"的判罚

一、违规、犯规与罚则

在紧张激烈的"赶牛"竞技赛事中,公平性与安全性是赛事的基石。为确保比赛的公正性,裁判员必须严格遵守规则,对违规行为严肃处理,并对违规者施以相应的处罚。以下是具体的违规行为及其相应的处罚细则。

首先,若防守方选手不慎将"牛"驱逐出界,此情形将被判定为一次"牛"罚。依据规则,罚球点将设置在"牛圈"外5米的位置。在执行罚球过程中,进攻方与防守方的其他选手均需保持适当距离,不得干扰罚球的执行,以确保比赛的公正性。相对的,若进攻方运动员将"牛"驱逐出界外,裁判员将不会作出罚球的判决,而是在出界的位置吹哨,比赛将从该点继续进行,以维护比赛的连续性。

其次,为了确保所有参赛者的安全,比赛规则明确禁止运动员故意撞击对手,特别指出,从背后撞击或冲撞对方的行为是严格禁止的,一旦发生,将被进行一次"牛"罚作为警示。此外,用"赶牛"棒进行横向阻拦的行为亦将受到相应的处罚。此行为不仅扰乱了比赛的正常流程,亦可能对对方运动员造成伤害。若运动员将"赶牛"棒举过肩部,并因此导致对方运动员受伤,此行为将被视为严重违规。依据规则,该运动员将被罚下场,并禁止参与比赛5分钟,以示对其行为的严厉谴责。

再次,禁止使用"赶牛"棒钩拉对方运动员,以阻止其前进。此类行为违反了公平竞争的原则,亦可能对对方身体造成伤害。因此,一经发现,同样将被进行一次"牛"罚,以维护比赛的公平性和安全性。

这些规则的制定,旨在构建既充满激情又安全的比赛环境,使所有参赛者能在相互尊重和公平竞争的氛围中充分展示他们的技能和勇气。

二、比赛得分与成绩

在激烈的竞技挑战中,各项比赛的得分是决定最终胜负排名的关键因素。在"赶牛"比赛中,参赛者努力获取一分球与二分球,这既具挑战性又富有趣味性。

1. 一分球。当进攻方成功引导"木牛"进入周边的"牛窝"时,这不仅展现了他们的技术与战术,也为自己的团队累积了宝贵的1分。在罚球阶段,进攻方若能直接将"木牛"送入"牛圈",同样可获得1分。

2. 二分球。这则需要更大的力量和更精确的定位,以及团队成员间的完美协作。

一旦成功将"木牛"引入中间的"牛圈"，团队的总分将增加2分，显著提升了获胜的可能性。比赛排名是基于策略与实力的综合考量，得分被精确记录，以确保比赛的公正与公平。当得分出现平局时，比赛将进入加时赛，这不仅营造了紧张的氛围，也使队伍面临更大的压力，同时也为双方提供了展现实力的机会。

"赶牛"比赛的得分机制全面评估了参赛者的技巧与策略，强调了团队合作的重要性，每一刻都可能留下难忘的印象，带来激情与感动。

三、弃权与申诉

（一）弃权

在诸多竞技体育赛事中，参赛队伍的公平竞争与对规则的尊重构成了赛事精神的核心。然而，由于种种原因，参赛队伍有时可能会选择放弃或被迫放弃比赛，此行为通常被称为弃权。以下列举了几种被视为弃权的情形，这些规定旨在确保比赛的公正性和有序进行。

1. 比赛正式开始后，若参赛队伍在15分钟的宽限期内仍未抵达比赛场地，或上场队员人数未达到规定人数（以比赛要求至少5人为例），裁判员有权判定该队伍弃权。此规定旨在防止因队伍迟到或人员不足而对比赛造成不必要的延误，因此强调各队必须严格遵守比赛时间。

2. 若参赛队伍在裁判员的公正指示下，对判罚持有异议但未依照正规程序提出申诉，而是选择拒绝继续比赛，此情况亦将被判定为弃权。裁判员的决定是比赛规则的一部分，参赛队伍必须予以尊重并服从。

3. 在比赛过程中，若某队因队员被罚下或其他原因导致场上队员数量减少至3人以下，比赛因无法正常进行而被迫中止。在这种情况下，该队伍将被视为弃权。此规定旨在保证比赛的公平性，确保所有队伍在同等条件下进行竞争。

4. 若参赛队伍恶意犯规、挑衅对手或观众，甚至有使用暴力手段等行为，干扰比赛的正常进行，这不仅违反了比赛规则，也破坏了比赛的和谐氛围。因此，裁判员有权判定此类行为为弃权，以维护比赛的秩序。

（二）申诉

在所有竞技赛事中，裁判的裁决对于确保比赛的公正性至关重要。尽管如此，鉴于人的局限性，裁判员亦可能作出错误判断。为了保障比赛的公平性，组织方为参赛队伍设立了一套合理的申诉程序。

1. 若参赛队伍对裁判的决定持有不同意见，应以冷静和尊重的态度，由场上队长在比赛暂停时适时提出异议。场上队长应以平和且礼貌的方式向裁判表达其团队的疑虑，以避免在比赛中产生不必要的纷争。这不仅是对裁判的尊重，也是对比赛规则的遵循。

2. 裁判员在比赛过程中有解释其裁决的义务。他们有义务向提出疑问的参赛队伍提供必要的解释，帮助参赛队理解裁判的决策依据。这种互动有助于及时解决争议，并提升比赛的透明度。

3. 若争议在比赛过程中无法解决，参赛队伍对比赛结果保留异议，可在比赛结束后 2 小时内行使申诉权。参赛队伍需向仲裁委员会提交书面申诉，并支付相应的申诉费用。申诉费用的设立旨在避免无端的申诉，确保仲裁委员会资源的合理运用。

仲裁委员会作为独立的第三方，将依据其制定的规则对申诉进行公正无私的裁决。委员会将详细审查比赛过程及所有相关证据，以作出最终的裁断，此过程可能需要一定时间。仲裁委员会的决定将是最终且不可再上诉的裁决。

申诉机制的存在旨在维护比赛的公正性，并保护所有参赛队伍的合法权益。比赛鼓励各队伍在遵守规则的基础上，积极维护自身权益，同时也应理解并接受裁判员及仲裁委员会的决定，这是对竞技精神的最佳诠释。

【课程资源】

"赶牛"的判罚

"赶牛"活动的思维导图

"赶牛"非物质文化遗产活动

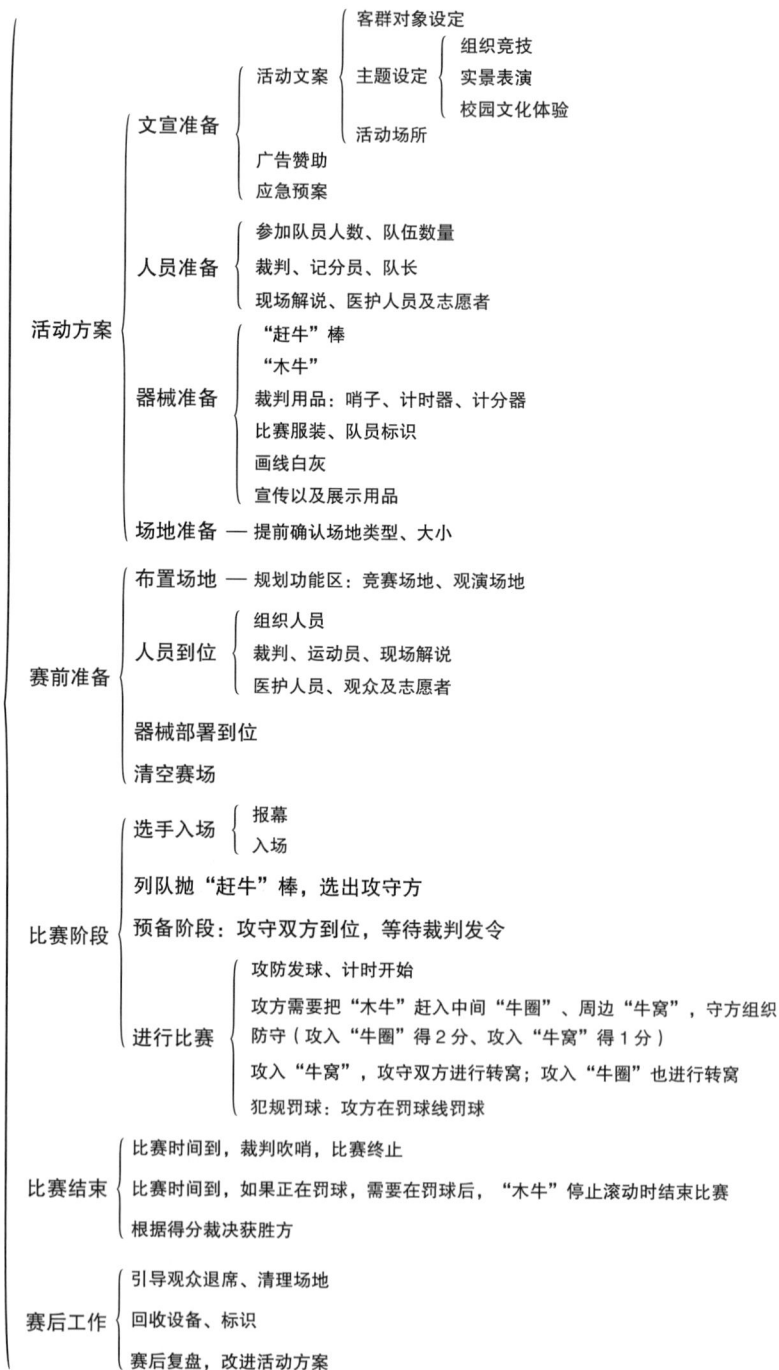

- 活动方案
  - 文宣准备
    - 活动文案
      - 客群对象设定
      - 主题设定
        - 组织竞技
        - 实景表演
        - 校园文化体验
      - 活动场所
    - 广告赞助
    - 应急预案
  - 人员准备
    - 参加队员人数、队伍数量
    - 裁判、记分员、队长
    - 现场解说、医护人员及志愿者
  - 器械准备
    - "赶牛"棒
    - "木牛"
    - 裁判用品:哨子、计时器、计分器
    - 比赛服装、队员标识
    - 画线白灰
    - 宣传以及展示用品
  - 场地准备 —— 提前确认场地类型、大小
- 赛前准备
  - 布置场地 —— 规划功能区:竞赛场地、观演场地
  - 人员到位
    - 组织人员
    - 裁判、运动员、现场解说
    - 医护人员、观众及志愿者
  - 器械部署到位
  - 清空赛场
- 比赛阶段
  - 选手入场
    - 报幕
    - 入场
  - 列队抛"赶牛"棒,选出攻守方
  - 预备阶段:攻守双方到位,等待裁判发令
  - 进行比赛
    - 攻防发球、计时开始
    - 攻方需要把"木牛"赶入中间"牛圈"、周边"牛窝",守方组织防守(攻入"牛圈"得2分、攻入"牛窝"得1分)
    - 攻入"牛窝",攻守双方进行转窝;攻入"牛圈"也进行转窝
    - 犯规罚球:攻方在罚球线罚球
- 比赛结束
  - 比赛时间到,裁判吹哨,比赛终止
  - 比赛时间到,如果正在罚球,需要在罚球后,"木牛"停止滚动时结束比赛
  - 根据得分裁决获胜方
- 赛后工作
  - 引导观众退席、清理场地
  - 回收设备、标识
  - 赛后复盘,改进活动方案

思考与练习

一、填空题

1. "赶牛"游艺竞赛中，每支队伍的正式队员人数不得超过_____人。

2. "赶牛"比赛中，防守方在"牛圈"周边划定界线且不得离开的区域被称为_____。

3. "赶牛"比赛中，进攻方成功将"木牛"赶入"牛圈"，可以获得_____分。

4. "赶牛"比赛中，若"木牛"被赶出边界，裁判作出判断，可能是_____，也可能是罚球。

5. "赶牛"比赛的违规行为中，使用"赶牛"棒进行横向阻挡的行为会被判定一次_____。

二、选择题

1. "赶牛"比赛中，以下不是违规行为的是（　　　）。

　　A. 持"赶牛"棒横阻对方队员行进　　　B. 将"赶牛"棒举过腰肩部

　　C. 保持适当距离观看比赛　　　　　　D. 从背后撞击对手

2. "赶牛"比赛的发球线是指（　　　）。

　　A. 每次比赛开始或重新开始的地方　　B. 裁判判决违规、罚球的起始位置

　　C. 决定比赛得分的关键点　　　　　　D. 比赛的边界

3. 在"赶牛"比赛的赛前热身阶段，以下不是推荐的热身活动的是（　　　）。

　　A. 原地快步走　　　　B. 高抬腿　　　　C. 后踢腿　　　　D. 静态拉伸

4. "赶牛"比赛中，以下将被视为严重犯规的行为是（　　　）。

　　A. 使用"赶牛"棒钩拉对方选手

　　B. 将"赶牛"棒举过肩部导致对方选手受伤

　　C. 罚球时背对"牛圈"

　　D. 比赛开始时从发球线发球

5. "赶牛"比赛的弃权情况中，以下不会导致队伍弃权的是（　　　）。

　　A. 队员人数不足 5 人

　　B. 队伍迟到 15 分钟以上

　　C. 队员被罚下导致场上队员数量减少至 3 人以下

　　D. 队伍选择在比赛前增加队员

三、判断题

1. "赶牛"比赛中，队伍的名称无须在规定的时间内告知组委会或裁判。（　　）

2. "赶牛"比赛中，如果防守方选手将"牛"驱赶出界，将被判定一次"牛"罚。（　　）

3. "赶牛"比赛中，进攻方选手成功将"牛"驱赶出界，也会被判定一次"牛"罚。（　　）

4. "赶牛"比赛中，如果比赛时间正式开始后，参赛队伍在15分钟内未到达比赛现场，将被判定为自动弃权。（　　）

5. "赶牛"比赛中，如果出现误判，队伍可以直接停止比赛提出异议。（　　）

四、简答题

1. 简述"赶牛"比赛的场地布局和各个区域的功能。

2. 简述"赶牛"比赛中的一分球和二分球分别在什么情况下获得？

3. 简述"赶牛"比赛中的弃权规则及其重要性。

五、讨论

1. 假设你是一名裁判，该如何根据"赶牛"游艺的评分标准来判定一场比赛的胜负。

2. 与同学组成小组，模拟一次"赶牛"游艺的竞赛过程，并讨论在比赛中可能遇到的策略问题和团队协作面临的挑战。

3. 分析一场"赶牛"游艺比赛视频，指出比赛中出现的规则应用和团队协作的优缺点，并提出改进建议。

项目三 "赶牛"技术规范

导读

本项目深入探讨"赶牛"技术的规范及其训练方法，目的是为从事相关工作的人员提供具有实用价值的指导和建议。首先介绍"赶牛"的基本原理和安全操作规范，以确保整个过程的安全性。接着详细解释"赶牛"过程中的技巧和注意事项，涵盖如何恰当运用"赶牛"工具以及"赶牛"训练的步骤和方法。

学习目标

【知识目标】

1. 理解"赶牛"技术的基本原理和操作规范。

2. 了解裁判员鸣哨与手势的意义。

【技能目标】

1. 学习并掌握"赶牛"游艺活动的基本规则和操作技巧。

2. 能够熟练运用"赶牛"的技巧。

3. 掌握"赶牛"比赛中突发情况的应对策略。

【素质目标】

1. 增强团队合作意识，与队友协同完成"赶牛"任务。

2. 增强责任感，确保遵守活动规则，维护良好的比赛道德。

【案例导入】

早在清代乾隆年间，佛山民间就兴起狮头扎作，其特点要狮头饱满、口大带笑、眼大明亮。这样的技艺，流传至今已有200多年……

在高明老人谭志明记忆里，自己大约在16岁便开始拿起竹篾编织，制作扎狮，一做就是50载，从未间断。

……

扎狮头是一件急不来的手艺……像谭志明这样的熟手师傅，也需要一个月时间才能做好一个狮头，一年最多产出12个。一个狮头的制成，需要的是扎狮人不急不躁的耐心和时间沉淀。

"这门手艺讲究专注用心，没有固定的标尺，也没有标准的狮头模型，只有多做才能熟能生巧，心中有数。"谭志明说，自己生活的村庄家家户户都有手艺人，动手生产劳动工具和生活用品很常见，在这样的氛围中，他也就自然而然地沉下心来做手艺。

……

尽管扎狮传承的前路并不明朗，谭志明与妻子仍坚守着这门手艺。他们每天从早到晚都在扎狮头，目前每年固定接单8~10个。要是遇上喜欢狮头扎作的年轻人，谭志明都热情地倾囊而授。"这门手艺我做了一辈子，还会继续坚持下去的。"

近年来，在政府部门支持下，谭志明成立了"高明扎狮"工作室……设有工作室、展览室和展销体验室，同时被列入"红色＋非物质文化遗产"旅游线路，为游客提供非物质文化遗产文化体验以及开展培训学习。谭志明还接待了不少青少年团队，为青少年免费讲解非物质文化遗产文化，组织有兴趣的青少年参与扎狮的培训活动。

资料来源：《扎竹架、糊纸、彩绘……探秘高明"非遗"扎狮魅力》，
载佛山新闻网

任务一 "赶牛"棒使用技术规范

为了展示"赶牛"这一非物质文化遗产的原始生态特色,"赶牛"棒多以手工制作,选用天然杠木(辽东栎)作为材料。"赶牛"棒在使用不当,可能存在风险,目前已经形成了一套普遍认可的使用技术规范。

一、"赶牛"棒的持握规范

"赶牛"棒的合适尺寸为1.2~1.4米。在双手持握时,可根据个人的使用偏好选择左手或右手置于前方。通常,惯用的手置于前方以更好地控制力量的施展,双手之间的距离以个人感到舒适为宜,一般保持在35~40厘米之间(见图2-20)。

握持时,要求手掌和手指完全环绕"赶牛"棒,主要发力手要紧握棒身,确保虎口正对棒头。另一只手则握住棒柄位置。

图2-20 持握示范

二、挥棒技术规范

"赶牛"棒棒头的力度和重量较大,因此在实际竞赛中规定,棒头必须时刻朝下,与地面的最大间隙不得超过膝盖高度。其攻击动作主要为拨动、清扫以及轻击,依赖双手腕部的爆发力来击打"木牛"(见图2-21)。禁止使用棒头向上挑戳和大幅度地挥舞棒等可能产生危险的动作。

"赶牛"棒的核心要素是通过击打"木牛",来引导其进入"牛圈"。

图2-21 挥棒示范

操作过程中，需保持持棒稳定，同时向左、右上方做平稳的弧形挥动，或者利用棒头的曲度进行巧妙的引导。在操作时，应保持动作的敏捷、轻巧和持续的稳定性。

（一）轻挥棒击打

图 2-22　轻挥棒击打示范

轻挥棒击打是"赶牛"棒操作的核心，主要目标是维持对"木牛"的侧向控制并使其移动，关键在于运用双臂与手腕的相互作用力，实现对"木牛"的连续轻微击打，同时保持脚下移动的灵活性（见图 2-22）。

轻挥棒击打式时，需降低身体重心，依赖手腕和手臂的微小力量，使"赶牛"棒的每次击打都具有精确的控制感，且在"木牛"移动时，需以轻巧的步伐保持同步移动。

1. 动作要点。通过臂部引导手腕运动，保持视线聚焦于击打点，以精确的力度挥动棒子，感受挥动到预定位置的力量传递以及击打后的回弹。借助击打目标的反作用力，反复恢复初始发力位置，调整步伐以改变位置，再次挥动棒子，实现流畅而高频次的击打"木牛"及运球动作。

2. 动作执行。以右手持棒为例，左手应置于上方，右手则置于下方，双脚自然分开，略宽于肩部，双足全脚掌着地，膝关节微曲，保持低重心。腹部收紧，胸部内含，视线始终锁定"木牛"，进行小幅度棒身挥动。挥棒的最大角度不得超过60°。每次挥棒后，应向挥棒方向移动半个步幅。

3. 常见错误动作及纠正方法。

（1）挥棒用力过猛。应强调手脚协调，注意保持挥棒动作的流畅性，尤其在"赶牛"棒接触"木牛"的瞬间，要求短促而有力。

（2）挥棒时手臂不够放松，导致击打"木牛"时过于僵硬。需通过近距离练习提升挥棒的精确度，理解动作的关键点。

（二）扫棒击打

扫棒击打的任务在于将"牛"推向更远的区域。其核心动作涉及防守者紧握棒，使棒头弯曲部分贴近地面，迅速挥动以形成扫动态势。在扫棒击打时，必须强有力且迅速地挥动手臂，确保力量有效传递至棒头，直接击中目标"木牛"（见图2-23）。

1. 动作要点。做该动作时需保持棒子倾斜，适用于发球或传球的场合。值得注意的是，

图 2-23　扫棒击打示范

此动作存在一定的风险性，因此扫棒击打时必须确保棒头部贴近地面，并确保扫击范围内无他人在场，以避免意外伤害。

2. 动作执行。扫棒击打时，应确保双手稳固地握住棒子，双脚并排站立，间距略宽于肩宽，确保身体重量平均分布在两脚之上。左肩应正对击球方向，双膝略微弯曲，身体前倾，背部舒展，腹部核心肌群收紧。通过手臂的力量，引导棒子运动，使棒头紧贴地面滑动，以此击打"木牛"，促使其脱离控制区域。

3. 常见错误动作及纠正方法。

（1）双脚间距过宽，导致重心过高，影响发力点的准确性。应调整为自然开立的站位，找到合适的击球距离。发力时以手臂为主，利用"赶牛"棒头的鞭打效应，准确击打"木牛"。

（2）与"木牛"的距离过远或过近。根据个人姿势和"赶牛"棒的长度，恰当处理人、"木牛"与传球目标之间的角度和距离关系。降低身体重心，向前倾斜，确保正确击球姿势，保持动作的流畅和协调。

（三）挥棒击打

挥棒击打的目的在于利用棒棒引导"牛"至既定位置。其关键动作是运动员双手紧握棒棒，迅速调整棒棒弯曲端的方向，从而将"牛"传递给团队其他成员。在挥棒击打时，要求动作与转身的协调性，施加的力量既要强又要迅速，且集中在棒

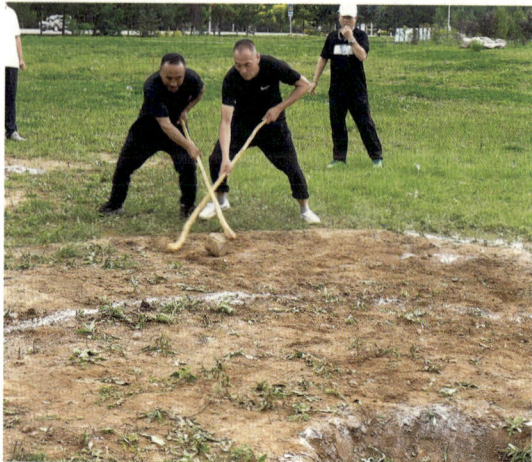

图 2-24　挥棒击打示范

棒的末端（见图 2-24）。

1.动作要点。在挥动棒子击打时，双脚蹬地，借助肩膀和腰部的力量，大幅度且强有力地使用"赶牛"棒的头部将"牛"推出，但棒头的高度不得超过膝关节。

2.动作执行。双手牢固握住棒子，双脚蹬地，结合转动肩膀和腰部来发力，使手臂和手腕顺势运动，棒头紧贴地面击打目标。在击打的刹那，手部要施加力量，使"牛"受力滚动更远，但不能使其离地过高。

3.常见错误动作及纠正方法。

（1）过度用力导致棒子挥动过高，超过膝盖，造成违规。应通过预先判断和严格控制挥棒的起始和结束高度来避免。

（2）击打位置不准确，影响了击打的准确度。需快速、准确地判断"牛"的位置，正确发力。

（3）在击打前保持手臂放松，而在触碰"牛"的瞬间迅速发力，确保动作的连贯性和协调性。

（四）戳棒击打

图 2-25　戳棒击打示范

戳棒击打主要应用于罚球操作，在罚球线的运动员双手持握棒子，身体背向"木牛"，通过下胯动作，利用棒子尾部击打"牛"使其进入"牛圈"。在戳棒击打的过程中，必须确保手臂力量短促而集中，以保证力量有效传递至"木牛"（见图 2-25）。

1.动作要点。紧握"赶牛"棒，棒头朝下，施力点集中，手臂力量短促且有力，准确击打"木牛"的中心位置，以最大限度促使"木牛"滚入"牛圈"。

2.动作执行。运动员站于罚球线后，保持背向"木牛"，双脚间距略大于肩宽，采取半蹲姿势，双手牢固握持棒子，借助腰部力量，收紧核心肌群，用棒头顺利穿过胯下对"木牛"实施打击，使其因受力而滚动。

3.常见错误动作及纠正方法。

（1）不熟悉发力要点，导致未能准确击中"木牛"。反复练习，体会并掌握核心肌群收紧、双手稳定持棒及流畅发力的技巧。

（2）击中"木牛"边缘，造成滚动路线偏离。提高对"木牛"位置的快速判断能力，熟悉并精确戳击"木牛"，确保力量传递的准确性。

【课程资源】

"赶牛"棒使用技术规范

任务二　击球技术练习

一、击球基本技术练习

（一）练习目的与意义

学生在教师指导下，观摩击球的规范动作，领悟并掌握"赶牛"棒击球的基本技术要领，为日后精进击球技术奠定坚实基础。

（二）练习形式与方法

1.无实物模拟训练。

（1）要求：初步感知握持"赶牛"棒的舒适度，明确击球时"赶牛"棒的发力机制及挥动轨迹。

（2）注意事项：训练时，身体需保持松弛状态，精确控制击球点及击球力度与节奏。

2.击打静态目标练习。

（1）方法：选取方形稳固物体作为目标，用"赶牛"棒轻柔触碰，或选择棒端相同部位击打模拟"木牛"的多个部位，以加深对"赶牛"棒与目标接触点的感知。此外，亦可采用多种形式的对练，逐步扩大练习距离，从静态目标转向动态目标。

（2）要求：在无实物模拟训练基础上，深化学生对击球动作的体验，通过反复练习，熟悉"赶牛"棒击打"木牛"不同部位的感觉。

（3）注意事项：训练应聚焦于动作的协调性与精准度，而非单纯追求击球力度。

二、练习的调整

（一）活动模式的调整

初学者应从原地无实物模拟起步，逐步过渡至击打固定目标，特别关注"赶牛"棒与"木牛"接触部位的准确性。

（二）速度的提升

击球速度的增加应遵循循序渐进的原则，从缓慢开始，逐步加快，以增强传球的力量与速度，从而实现从原地击球到跑动中击球的平稳过渡。

（三）动作的升级

在练习的初期，应专注于单一动作的练习，随后逐步融入接球、运球等组合技术，进行综合性的技术训练。

（四）参与人数的递增

练习的初期应保持较少人数，随后根据需要逐步增加参与人数，通过改变传球方向，提高传球的精确度。

（五）对抗强度的升级

练习中的对抗程度应逐步提升，从无对抗状态过渡至积极对抗，从个别点的对抗过渡至全面对抗，最终将对抗训练应用于实际教学和比赛之中。

三、击球技术教学与训练策略

（一）教学与训练的挑战

在击球技术的教学与训练中，主要的挑战在于使学生精确掌握对击球点的控制，以及挥棒的力度和速度调控。应将核心训练点放在动作的流畅度和精确度上，而非过分强调力量的使用。

（二）教学训练阶段

1. 讲解与演示。

（1）讲解阶段：教师或教练首先会阐述"赶牛"棒的功能和技术特性，着重说明其使用技巧和身体协调性的重要性，避免单纯依赖力量击球。

（2）演示阶段：教师或教练会示范各种挥棒击球的动作，同时从正面和侧面为学生展示技术动作，进行同步讲解。

2. 实践训练顺序。

按照以下顺序进行实践训练：基本击球——跑动运球——扫棒击球——抡棒击球。

【课程资源】

击球技术练习

任务三　运球技术教学与训练

在"赶牛"运动中，攻击方的基本技巧包括引导"木牛"进入中央围栏以及操控和保护球不被破坏，而防守方则专注于破坏运球并实施抢断。因此，掌握熟练"赶牛"棒运球技巧，有效地控球并实施突破，是决定能否获胜的核心要素。

一、运球技术

运球是运动员在静止或移动中通过"赶牛"棒将"木牛"保持在自身控制范围内的动作，目的是连续推拨球以突破防守者的防线。

（一）原地运球

1. 动作要领。以右手为例，双脚应分开，宽度略大于肩宽，双膝需微弯，腹部收紧，胸部下沉；左手应握住"赶牛"棒的末端，右手握在"赶牛"棒的中部，以左手腕为轴，右手为支点，使"赶牛"棒左右摆动击打木球。关键点在于原地运球时，需均匀施力，防止球移动过远或失去控制，同时抬头观察周围环境。

2. 常见错误动作和纠正方法。拨球速度过快导致球失控。根据防守位置，利用身体和"赶牛"棒合理控制球；在运球过程中用余光观察周边环境，寻找最佳的进攻时机。

（二）行进中运球

行进中运球是指运动员在跑动中通过身体和"赶牛"棒的协调配合，利用推拨和轻击等动作使球在自己的控制范围内。

1. 动作要领。持握"赶牛"棒的方法与原地运球相同，关键在于调整自身的跑动速度与击球的力度。身体与"赶牛"棒动作同步，确保"赶牛"棒始终能够触及到球，使球保持左右或向前的移动。

2. 常见错误动作和纠正方法。与原地运球的错误相同。在实践中，应注意避免上述错误动作，不断磨炼行进中运球的技巧，以提高在比赛中成功突破防守的能力。

二、运球技术教学与训练方法

（一）直线运球

本练习旨在使练习者熟练掌握运球的基本技巧，能够沿同一方向直线向前推进，并在此过程中深入体会运用"赶牛"棒进行推拨球的动作要领。

1. 练习形式与方法。

（1）初始阶段，练习者需使用"赶牛"棒进行推球或拨球前进的练习，待初步掌握后，再尝试将推球与拨球的动作相结合，进一步提升运球技能。

（2）为增强练习的实战性和团队协作能力，可将队员分为两组，每组队员呈"一"字形相对排列，且两组之间保持10~15米的距离。练习时，一组的第1名队员需运球至对方组的运球起点线，随后将球传递给对方组的第1名队员，并跑至本队队尾，如此循环。

（3）在直线运球的基础上，可引入变速运球的练习。变速运球的距离、节奏均可灵活调整，既可有规律地变化，也可随机应变。此外，练习的路线亦可进行适当变化，以增加练习的趣味性和挑战性。

2.练习的调整。

（1）速度的调整。初学者，建议从较慢的运球速度开始练习，以便更好地体会"赶牛"棒轻击"木牛"的动作要领。随着技能的逐渐熟练，可逐渐加快运球速度，或尝试快、慢交替的运球技术。

（2）人数的调整。练习队员的人数可根据实际情况灵活调整。根据队员对某个动作的掌握情况，可设置不同人数的练习小组，如2~3人或3~4人一组，以便更好地控制练习的强度和难度。

（3）训练场地的调整。为进一步提升队员的运球控制能力和应变能力，可适时调整运球场地的大小，并考虑增加限制线等辅助设施。这些措施将有助于队员在更加复杂和多变的环境中进行练习，从而全面提升其运球技术水平。

（二）变向运球

队员需掌握运控球的路径和技巧，理解运球时与地面接触点的调整、角度变化以及身体重心的移动、变换和跟进的要领。

1.练习形式与方法。

队员以单列纵队排列，从队首开始沿起点线运球绕过一系列标志杆，再返回起点，将球传给下一位，然后跑至队尾，如此循环。此外，队员也可在保持一定间距的情况下依次进行运球过杆训练，以增加练习密度。标志杆可设置为直线或折线排列。

2.练习调整。

（1）初学者可适当降低运球速度，重点感受运球方向变化及身体重心移动的技巧。

（2）运球路径可设计为直线、曲线或弧线，变换角度可大可小，可在行进中改变方向，也可在急停后变向。

（3）根据技术动作的掌握程度，可灵活调整参与人数和练习次数，以适应不同强度的训练需求。

（三）组合运球

通过控制运球的次数、距离、方向和速度等要素，培养队员的运球节奏感、距离感以及重心移动和应变的灵活性，提升队员对运球力量、速度和方向的掌控能力。

1.练习形式与方法。

（1）2人一组，每人持一球，前面的队员运球并改变方向和速度，后面的队员模仿并跟随运球。

（2）设定5米×5米的训练区域，每人持一球，队员在听到哨声后在指定区域内自由运球，每次听到教练员鸣哨，需执行一次运球变向动作。

（3）2人一组，1人运球，1人防守。运球队员在运球中改变方向和速度，防守队员仅进行封堵，不抢球，通过各种防守动作干扰运球队员的注意力。如防守队员向左跨步拦截，运球队员应向右运球突破。在练习中，要求队员在严密控球时，根据情况迅速变向，运球时加速超越防守队员。

2.练习的调整。

（1）动作模式的调整。初学者应从简单的直线运球开始，逐步过渡到曲线运球，然后结合直线运球和曲线运球进行训练。

（2）动作速度的调整。初期可适当减缓速度，重点体会运球方向变化和身体重心的移动。随着熟练度提高，逐渐增加运球速度或结合快慢变化运球。

（3）参与人数的调整。训练初期人数较少，逐渐增加参与人数，提升抗干扰能力，注重运球方向的变换，提高运球准确性。

（4）技术组合的调整。初学者应多做单一运球动作，如内侧、外侧运球，然后结合拨球、拉球等动作进行练习。

（5）对抗强度的调整。训练的对抗性应从无对抗逐渐过渡到有对抗，从消极对抗到积极对抗，从局部对抗过渡到在训练比赛中的应用。

（6）运球路线的调整。运球路线可设置为折线或弧线，变换角度可大可小，可在行进中改变方向，也可在急停后突然变向。

（7）训练场地的调整。注意调整运球区域的大小，可考虑增加标志物。标志物的布置可从有序的直线开始，随着运球动作的熟练程度，可不规则摆放，以提高曲线变向运球能力。

（四）运球突破

运球突破是在运控球的基础上，根据战术需要以及对手的防守位置和重心变化情况，利用速度、方向或动作变化，获得时间和空间上的优势，合理支配球，从而突破防守的一种技术手段。

1. 接近诱导阶段。接近防守者时，需运用假动作如挥动"赶牛"棒来迷惑对手，同时精确地触球，迅速调整身体重心进行突破或占据有利位置，以脱离对方的防守控制。

2. 运球超越阶段。在成功摆脱防守者的过程中，要稳定控球，并通过速度或方向的变化创造时间差和空间优势，随后利用快速运球有效地超越对手。

3. 跟进保护阶段。在做突破动作的同时，应主动将身体重心向球的方向移动，确保超越对手后能保持并扩大与对方的距离，以此巩固和增强突破防守的能力。

4. 常见错误动作。身体协调性差，"赶牛"棒运用及拨球技术不匹配，突破后未及时调整速度进行卡位。

三、抢断球技术教学与训练方法

（一）教学与训练难点

在"赶牛"比赛中，抢断球技术占据至关重要的地位，而抢断球技术的训练难点主要体现在控球与破坏控球的对抗上。

（二）教学训练顺序

训练的顺序依次为：运球训练——正面拦截——侧面拦截——侧后抢球。这一顺序的安排并非随机，而是依据技能难度的逐步提升以及运动员学习能力曲线进行的科学规划。

1. 运球训练。运球是连接球员与场地、球员与球员之间的桥梁，是活动中不可或缺的基本技能。无论是突破防守，还是快速推进，都需要扎实的运球技巧。运球训练的目的不仅仅是提高控球能力，更重要的是培养球员的球场判断和决策能力。在运球过程中，球员需要时刻观察场上的情况，判断何时加速，何时减速，何时传球，何时选择进窝。这需要大量的实践经验积累，而反复的运球训练就是积累这些经验的最佳途径。

2. 正面拦截。这是防守中最常见的情况。运动员需要学习如何通过脚步移动和身体位置来阻挡对方的进攻路线。这一阶段的训练重点是脚步技巧和身体对抗的掌握，以及对防守空间的理解。

3. 侧面拦截。这需要更高的技巧和判断力。由于侧面拦截角度更大，对运动员的反应速度和身体协调性要求更高。运动员需要学会如何在不失去防守位置的情况下，有效地干扰对方的进攻。

4. 侧后抢球。由于"赶牛"棒较长的缘故，侧后抢球多为用"赶牛"棒和身体卡位，压缩对方运球方向和空间，破坏运球方向，从而夺回球权。

每一阶段的训练都不是孤立的，它们相互关联，共同构建了运动员的防守能力。通过这样的顺序，可以确保运动员在掌握更复杂技能之前，已经稳固了基础，从而更有效地提升他们的攻防水平。

（三）教学训练阶段

1. 理论与示范。首先，教练需详细叙述抢断球的功能、技术特性及动作要领，特别强调抢断球时机的判断与移动路线的选择。其次，教练进行完整的抢断球动作示范，以强化学生对整体动作的理解，再进行分解动作展示。也可结合讲解进行，以增强学生的记忆。

2. 实践训练。

（1）目标与效果。通过训练，提升学生抢断球技能，掌握基本的抢断球动作，准确把握抢断球时机，理解防守技术在比赛中的重要性。

（2）练习形式与手段。进行行进间左右侧前交叉的跨步、断球、抢夺等模拟动作。实施从侧后方对同伴传球的抢断球练习。依次进行正面拦截、侧面拦截、抢断球专项练习。

（3）练习要素的调整。变化训练方式，初期可进行无球断球练习，以熟悉断球时机和抢断位置，随后逐渐结合传球进行练习。

逐步增加对抗强度与活动速度，依据学生对断球技术的掌握程度，逐渐提升对抗程度，同时加快跑动速度和传球速度。

【课程资源】

"赶牛"运球技术教学与训练1

"赶牛"运球技术教学与训练2

任务四　裁判员鸣哨与手势

一、比赛鸣哨的情形

裁判员应当在以下情形中吹响哨子。

1. 上半场、下半场以及加时赛的开始与结束时刻。

2. 球出界时。

3. 发生违例或犯规行为时。

4. 前场边线和端线发球时（后场除外）。

5. 罚球时。

6. 球员替换时。

7. 请求暂停时。

8. 出现特殊情况，裁判员认为有必要暂停比赛时。

二、裁判员哨声的示意

裁判员的哨声必须具备明确的决断性，其音量应当足以明显区分，确保所有运动员均能清晰地听见。具体应用如下。

1. 比赛开始时发出长音。

2. 暂停或人员替换时发出中等长度的音调。

3. 有犯规或违例行为时发出长而重的音调。

4. 球出界或需发定位球时发出短促而响亮的音调。

5. 有严重违规行为时发出强烈且响亮的长音。

6. 进球得分确认时发出一个长音。

7. 争球时发出一个长音。

8. 纠正错误时连续发出短促的音调。

9. 比赛结束时发出一短一长的音调。

三、裁判员手势

裁判员手势通常涉及指示动作方向，其核心为一手臂平举，手指并拢，手掌打开，手指所指的方向为发球方向。在各种判决情况下，裁判员需用手势进行示意，如需要，可辅以口头说明，同时需指明发球方向。

1. 得分。裁判员会单臂上举，伸出食指，随后指向中圈。

2.争球。裁判员双臂在胸前向前伸展,握拳并伸出拇指,并指出发球方向。

3.暂停。一手在体前,手心向下,另一手则伸出食指指向手心。

4.换人。裁判员双臂在体前交叉,五指并拢伸直,掌心向内。

5.犯规。裁判员单臂握拳上举,随后指出发球方向。

6.违例。先以单臂上举,五指并拢,掌心向前,随后指出发球方向。

　　裁判员的所有手势应在吹哨后立即执行,确保比赛参与者及观众能清晰理解裁判员的判决。

【课程资源】

裁判员鸣哨与手势

思考与练习

一、填空题

1. "赶牛"棒在使用过程中，棒头必须时刻朝下，与地面的最大间隙不得_____膝盖高度。

2. "赶牛"棒的攻击动作主要包括拨动、抢扫以及_____。

3. "赶牛"运球技术中，原地运球训练的关键在于均匀施力，防止球移动过_____或失去控制。

4. 抢断球技术训练的难点在于控球和_____控球的博弈。

二、选择题

1. 以下不是"赶牛"棒使用技术规范中规定的攻击动作的是（　　　　）。

  A. 拨动   B. 轻扫

  C. 轻击   D. 抛掷

2. 在"赶牛"运球技术中，以下不是常见的错误的是（　　　　）。

  A. 拨球速度过快   B. 低头看球

  C. 均匀施力   D. 用"赶牛"棒末端击球

3. 抢断球技术训练中，训练的起点是（　　　　）。

  A. 运球训练   B. 正面拦截

  C. 侧面拦截   D. 侧后抢球

4. 以下不是裁判员哨声应用场景的是（　　　　）。

  A. 比赛启动   B. 请求暂停

  C. 进球得分   D. 观众喝彩

三、判断题

1. "赶牛"棒通常采用手工制作，选用天然的杠木（辽东栎）制作。（　　　　）

2. "赶牛"比赛中，棒头向上挑戳是允许的攻击动作之一。（　　　　）

3. "赶牛"比赛中，裁判员的哨声和手势是比赛进行中的重要指示。（　　　　）

4. "赶牛"运球技术中，运球者应该低头看球以保持对球的控制。（　　　　）

5. 抢断球训练中，正面拦截是防守中最常见的情况，不需要特别训练。（　　　　）

四、简答题

1. 简述"赶牛"棒使用中的持握规范和挥棒技术规范。

2. 简述"赶牛"比赛中运球的重要性及其训练方法。

3. 简述抢断球技术教学与训练的难点及其训练顺序。

五、讨论

1. 观看"赶牛"游艺活动的视频资料，讨论总结活动中的关键技巧和常见错误动作。

2. 分组模拟"赶牛"练习，每组成员轮流作为攻守方，互相反馈意见。

3. 设计一个小型的"赶牛"活动场景，包括障碍设置和任务目标，进行实际操作练习。

项目四 "赶牛"运动员的训练保护

导读

运动员在追求卓越表现的同时，也面临着受伤的风险。因此，了解如何在训练中采取有效的保护措施，不仅能够帮助运动员保持最佳状态，还能预防潜在的伤害。本项目交代了"赶牛"运动员训练保护的重要性，介绍了一系列科学的训练保护方法，以及如何将这些方法融入日常训练计划中，确保运动员的健康与安全。

学习目标

【知识目标】

1. 了解运动员训练中可能遇到的常见伤害类型及其原因。

2. 掌握预防运动伤害的基本原则和方法。

3. 学习如何制定个性化的训练保护计划，包括适当的热身、拉伸、力量训练。

【素质目标】

1. 培养自我保护意识，使学生能够在训练中主动采取预防措施。

2. 提高教练员和学生对运动伤害风险评估的能力，以及制定和执行安全训练计划的技能。

3. 增强面对训练压力时的应对能力，包括心理调适和情绪管理。

赶牛

在"赶牛"比赛的时候，攻守双方在规则范围内，可以充分利用自身的技术去抢球。这就使得场上运动员间的身体接触或撞击增多，甚至发生"赶牛"棒与运动员接触或运动员被击打的情况，这些无疑都会对运动员造成伤害。在 2002 年宁夏回族自治区第七届少数民族运动会上，就发生了运动员门牙被"赶牛"棒打落的事故。此外，运动员佩戴护具与否，以及"赶牛"棒和比赛场地材质的好坏，也对运动员的安全有一定的影响。

必要的保护和安全措施除了能减少对运动员的伤害，还能够大大提高比赛的趣味性和观赏性。因此，"赶牛"运动员的保护、安全与医务监督是"赶牛"项目开展的重要内容之一。

任务一　"赶牛"运动员常见损伤与保护措施

一、"赶牛"运动员损伤种类

在"赶牛"运动中，运动员易遭受的伤害类型包括瘀伤、肌肉拉伤、擦伤、骨折及肌肉痉挛等。通常这些伤害是由跌倒、急停、急转以及场地不平整或过于光滑而导致的急性创伤。这些创伤容易对运动员的踝关节、膝关节、手部以及面部造成不同程度的伤害。除了常见的擦伤和挫伤外，踝关节扭伤是最为常见的伤害，其次是大腿肌肉的拉伤和挫伤，再次是膝关节的损伤，包括半月板撕裂、十字韧带撕裂、髌骨骨折等。这些伤害一旦发生，治疗过程相对较为复杂。

二、"赶牛"运动员损伤原因

1. 比赛激烈导致的伤害。在紧张的比赛中，运动员之间的争抢、快速奔跑以及紧急停止等动作，容易引发大腿和小腿肌肉的拉伤甚至撕裂。

2. "赶牛"棒造成的击伤。"赶牛"运动中，运动员使用"赶牛"棒击打球。在双方激烈的对抗中，由于紧张情绪的影响，运动员可能使用"赶牛"棒不当，造成钝器挫伤。

3. 球体撞击造成的伤害。"木牛"球体为方形，其飞行轨迹多变，时而空中转向，时而呈弧线运动。在比赛中，运动员极易被不规则飞行的球体击中，导致挫伤等伤害，尤其是腿部。球体在空中或地面反弹改变方向时，对运动员造成的撞击伤害尤为典型。

4. 摔倒引发的损伤。在抢球、护球或快速奔跑过程中，运动员可能会突然失去平衡而摔倒。在土质场地上摔倒尤其容易导致擦伤，严重时还可能引起创伤性滑囊损伤（如膝关节和肘关节）、髌骨骨折等伤害。

三、"赶牛"运动员保护措施

在体育竞技领域，所有运动项目均以确保参赛运动员的安全为首要前提，进而追求卓越的运动表现。这不仅体现了体育竞技的核心价值，也是体育项目得以传承和发展的关键因素之一。在体育运动中，对运动员的保护措施是否充分，不仅关乎运动员的身心健康，而且直接影响到运动成绩的提升。缺乏安全保障的体育运动，其发展将无从谈起。因此，保护措施是体育项目不可或缺的组成部分，也是推动运动项目发展的关键因素。

　　"赶牛"作为一种对抗性极强的同场竞技运动，无论是比赛中的身体对抗、棒击，还是犯规行为、器材和场地条件，均可能引发运动伤害。这些伤害不仅会干扰运动员的训练和比赛，阻碍运动成绩的提升，甚至可能导致运动员运动生涯的缩短，或造成伤残。此外，运动伤害还会给运动员及观众带来负面心理影响，从而妨碍"赶牛"这一运动项目的推广和发展。因此，采取有效的保护措施对于"赶牛"运动员而言至关重要。

　　"赶牛"运动员的保护措施有自我保护和对他人保护两种。在校园体育活动中，教师的教学保护措施或适度教学干预，以及学生自身的防护意识和行为，是预防运动伤害的两个主要因素。自我防护是指在"赶牛"比赛中，运动员凭借自身的防护意识和方法，确保个人安全，避免受伤。若在运动过程中忽视对伤害的防护，未采取积极的预防措施，则可能发生各种伤害事故，轻则影响学业和工作，重则可能导致残疾，甚至危及生命。因此，提升运动员的自我防护能力，在"赶牛"运动中显得尤为关键，这不仅有助于技术动作的完成，尤其是在对抗中，而且对于预防运动伤害、增强体质和提升运动技能水平均具有重要意义。

　　在训练过程中，教练员应有意识、系统地向学生传授自我防护知识，并确保学生能够在比赛中恰当运用这些知识，以最大程度减少伤害的发生。

（一）加强思想教育

　　"赶牛"运动损伤多源于教练和运动员预防意识的缺乏和安全知识的不足。部分教练训练不规范，安全意识淡薄，忽视安全教育，未采取有效预防措施，损伤后未深入分析原因，导致伤害频发。

　　在"赶牛"教学和比赛中，坚持预防为主的策略，加强思想和安全教育，培养青少年运动员的道德素质和自我保护能力。若不强化青少年的思想教育，他们可能在比赛中忽视体育道德和规则，引发伤害事故。重视安全教育，将其融入教学训练中，提高预防损伤的重视程度，消除麻痹思想，增强预防意识，教授预防方法。

（二）认真做好准备活动

　　准备活动旨在提升中枢神经系统的兴奋性，增强器官功能，使身体适应运动状态。不足的准备活动可能导致运动损伤。因此，训练和比赛前都需充分进行准备活动。

　　准备活动应根据训练和比赛的特定内容，包括一般性准备和专项性准备。特别是对高负荷和易伤部位，需额外关注。

　　准备活动的量应考虑运动员的个体差异、气候、教学训练及比赛等因素。例如，兴奋性低或天气冷时，准备活动时间可适当延长。对于已受伤部位，活动需谨慎进行，防止损伤加重。准备活动应渐进，以身体微热、微出汗为宜。

准备活动与正式训练或比赛之间的时间应尽量缩短，以保持身体状态。运动中若出现长时间间歇或训练转折，需补充准备活动。

（三）全面加强身体锻炼

身体素质对运动员至关重要，会影响技术战术应用，有利于减少受伤风险，运动员需全面加强身体锻炼，提升体质、速度、耐力、力量、灵敏性和协调性等素质。训练的首要目标是提高身体素质，以减少比赛损伤，增强柔韧性、力量和灵敏性。应注重全面发展各项素质，加强易伤和弱项部位的训练。训练后要进行适当的放松活动，如肌肉韧带牵拉和小跑，以防止疲劳和损伤。

（四）掌握自我保护方法

每个参与体育运动的人都应了解自我保护技巧以防止受伤。教练员需将这些方法教给运动员。例如，当身体失去平衡时，应迅速向前或向后迈大步以保持平衡。在击打球时，如果快要跌倒，应立即低头，弯曲肘部，缩身含胸，同时用肩背部着地并顺势翻滚，避免直臂或用"赶牛"棒撑地，这样可以减少伤害。

1. 定期进行体格检查，确保身体状况良好，禁止带病参与训练或比赛。
2. 强化自我保健，必要时需进行医学检查。
3. 严格管理场地、器材和个人防护用具，确保安全卫生。
4. 穿着合适的装备参加运动。

（五）科学合理安排训练负荷与训练过程

运动量不合理，无法达到良好的训练效果，还可能导致运动员损伤。过度剧烈运动或运动负荷不足，都会影响运动能力，增加损伤风险。应根据运动特点，个体化安排运动负荷，同时加强技术训练。体能训练应注重力量训练，预防运动损伤。准备活动内容应有针对性，对运动中负担较大的部位（腰部、踝关节、韧带），要特别注意做好准备活动，适当做一些负重力量性、伸展性练习。易伤部位需特别注意，准备活动强度和时间应灵活调整，以身体微热、关节活动开为宜。受伤部位的准备活动需谨慎，准备活动应逐步进行。

（六）加强易伤部位的训练与损伤的治疗

教练员必须加强预防运动员受伤的意识。在青少年运动员遭遇运动伤害时，应迅速采取恰当的治疗措施及心理康复程序。在训练过程中，应坚持循序渐进地提升

赶牛

训练强度，并特别留意那些易受伤或较为脆弱的身体部位，旨在提高其抗伤害及应对压力的能力。例如，为了预防髋部劳损，可以实施"站桩"练习以加强髌骨和髋关节的功能。为了保护腰部，除了强化腰背肌肉的训练，还应着重增强腹部肌肉的力量，以避免脊柱过度伸展而引发腰部损伤。此外，强化骨盆后肌群的力量和柔韧性训练，也是预防此类拉伤的有效策略。

【课程资源】

"赶牛"运动员常见损伤与保护措施

任务二　"赶牛"运动员动态热身运动

热身对运动员至关重要，涉及提高体温、血流量、代谢和关节活动范围，以准备训练和比赛。它包括特定的准备和功能活动，旨在适应即将到来的运动负荷。拉伸则主要增强柔韧性。

一、动态热身运动

动态热身能提升动作技能和自信心，比静态拉伸更有趣，能全面动员运动员神经肌肉系统。动态热身分为三个阶段：体温提高、肌肉神经兴奋和心理准备。综合性热身活动如跳绳、力量训练等，比慢跑更能提高运动技能。动态热身应与训练或比赛动作一致，无须设备或大面积场地，从简单到复杂，包括运动幅度、大动作模式和复杂练习，应根据训练和比赛需求设计动态热身练习。对于不常做动态练习的运动员，赛前应谨慎进行新的大动作动态练习，教练可以考虑将动态柔韧性练习纳入准备活动。

二、动态热身练习

1. 抱臂。

（1）身体直立，向两侧抬起双臂至肩高。

（2）将双臂交叉于体前，双手抱住对侧的肩膀。

（3）保持一小会儿，然后将双臂打开，越开越好，使胸肌尽力伸展。

（4）重复该动作。

2. 脚跟至脚尖行走。

（1）身体直立，双脚分开大约与肩同宽。

（2）右脚向前迈步，脚跟落地。

（3）脚掌快速向前滚动至右脚跟抬起。

（4）左脚重复以上动作，双脚交替向前走。

3. 高抬腿行走。

（1）左腿向前跨步。

（2）右大腿向胸前上抬，同时保持直立姿势。

（3）双手抱住右膝盖。

（4）将右大腿拉向胸部。

（5）放下右腿，换另一条腿重复上述动作，一步一步向前移动。

4. 伐木式。

（1）身体直立，双脚分开与肩同宽，双臂举过头顶，双手在头上十指交握。

（2）身体下蹲成全蹲姿势，双臂伸直并将双手移到双膝之间。

（3）回到开始姿势，双臂举过头顶，尽量往上伸。

5. 躯干转动。

（1）身体直立，双脚分开与肩同宽，双膝略微放松，双臂略屈于身体前方，双手扣在一起。

（2）屈髋，上体倾斜（约呈45°）。

（3）上体变向右侧，然后变向左侧，髋部和下肢保持向前。

6. 跨步躯干转动。

（1）身体直立，双手相扣于头后。

（2）原地跨步。

（3）将髋部向右转动90°，然后再向左转动90°，同时保持躯干正直，面向前方。

7. 行进间侧摆腿。

（1）身体直立，双手放于髋部。

（2）向前迈步，向身体外侧抬起左膝（外展）至腰间高度。

（3）将腿摆回至身体中线处，然后再落于地面。

（4）右腿重复以上动作，一步一步向前移动。

8. 提踵走。

（1）自然站立，挺胸抬头。

（2）双脚脚后跟提起，重心置于前脚掌，保持身体平衡。

（3）左脚向前迈进一步，前脚掌触地，脚尖尽量踮起。

（4）右脚上步并重复上述动作。双脚交替向前行进。

9. 脚跟走。

（1）自然站立，挺胸抬头。

（2）双脚脚尖翘起，脚跟着地。

（3）左脚上步，重心移至脚跟，脚尖尽力上勾。

（4）右脚上步重复此动作。双脚交替向前行进。

10. 抱膝走。

（1）自然站立，挺胸抬头。

（2）左腿屈膝上提，双手抱膝向上拉近至胸前。同时，右脚脚尖跷起，身体垂直向上挺起，力达头顶。动作保持约2秒。

（3）缓慢放开左膝并向前迈左脚，右腿提膝并重复上述动作。双腿交替继续进行练习。

11. 行进间股四头肌伸展。

（1）自然站立，挺胸抬头。

（2）左腿屈膝后摆，左手抓左脚，同时，右脚脚尖跷起。动作保持2秒。

（3）松开左脚，左脚上步，右腿重复上述动作。双腿交替练习。

12. 提膝展髋走。

（1）自然站立，挺胸抬头。双臂展开与肩同高，掌心向前。

（2）左腿提膝收髋，展髋时带动膝关节外摆至腋下。

（3）左腿下落，右腿重复相同动作。双腿交替练习。

13. 驼式平衡。

（1）自然站立，挺胸抬头。

（2）右脚向前一步，右膝微曲，同时右臂伸直举过头顶，左腿向后伸直；身体前倾，同时左臂向左侧伸直。

（3）上体不动，目视前方；腰部微曲，左手下落触摸右脚脚尖。保持此姿势约2秒。

（4）缓慢收回动作，还原至准备姿势。

（5）另一侧动作相同。双侧交替练习。

14. 手足爬行。

（1）双腿伸直，双手在地面尽量向前方；双臂要伸直，脚跟不能离地。

（2）后背和双臂伸直后，双脚依次逐步向前移动，尽量靠近双手，双膝保持挺直。股后肌和腰部肌肉有拉伸感。

（3）双脚依次前移尽量靠近双手后，双手依次缓慢尽量向前爬伸，直至还原成准备姿势。

（4）重复练习此组动作。

15. 蜘蛛爬。

（1）并步站立，左脚向左前方约45°上步后，弯腰屈膝前俯，保持脊柱中立，

双手伏地向左脚前爬。目视正前方。

（2）双手从左侧爬到右侧，右腿缓慢前移上步。

16. 直腿行军步。

（1）自然站立，挺胸抬头，双臂前平举，高于肩平。

（2）右腿伸直前举，用脚尖触碰手指，膝关节尽量不要弯曲。身体尽力保持直立，挺胸收腹。

（3）右脚落地，左腿举起重复以上动作。

17. 跪步行走。

（1）自然站立，挺胸抬头。双臂提前屈肘（前臂相叠），高于肩平。

（2）右脚上步屈膝呈弓步，左腿弯曲，至膝关节离地面3厘米，于髋关节正下方下沉，小腿与地面接近水平，右腿膝关节约呈90°，小腿与地面垂直。

（3）左腿蹬地起身上步呈弓步。

（4）双腿交替向前上步练习。

18. 跪步行走转体。

（1）自然站立，挺胸抬头。双臂提前屈肘（前臂相叠），高于肩平。

（2）左脚上步屈膝呈弓步，右腿弯曲，至膝关节离地面3厘米，于髋关节正下方下沉，小腿与地面接近水平，左腿膝关节约呈90°，小腿与地面垂直。身体下沉的同时缓慢向左扭转上体，拉伸之力由腰顺至左腿。

（3）右腿蹬地起身上步呈弓步，下沉的同时向右转体。

（4）双腿交替向前上步练习。

19. 抱膝落跪步走。

（1）自然站立，挺胸抬头。

（2）右腿提膝，双手抱腿回拉上提，使关节靠近胸部。同时，身体直立，左脚提踵，头向上顶。保持拉伸姿势约2秒。

（3）右脚落步呈弓步，膝关节呈90°，小腿与地面垂直；左腿屈膝，膝关节离地面约2厘米，位于髋部正下方，小腿与地面平行。

20. 绳梯训练。

教练员通常使用绳梯训练帮助运动员发展脚步快速移动的能力，提高身体控制能力和动觉意识，改善基本的运动技术。大多数动作灵敏训练使用的绳梯由塑料梯级构成，它们系在尼龙绳上，从而形成一个一个的格子。格子大小根据运动员的步长和脚长来确定。

（1）单脚逐格向前迈步。运动员站在绳梯的末端，肩部和髋部与梯级平行，右脚迈入绳梯的第一个格子，左脚迈入第二个格子，重复这个过程直到跑完绳梯。再用左脚开始重复此项训练。

（2）双脚逐格向前迈步。运动员站在绳梯的末端，肩部和髋部与梯级平行，右脚迈入绳梯的第一个格子，左脚也随后迈入这个格子，以相同方式走完绳梯。再以左脚开始重复此项训练。

（3）双脚侧向移动。运动员站在绳梯末端的左侧，髋部和肩部都与梯级垂直。右脚迈入第一个格子，左脚随后也迈入这个格子。左脚放置在右脚旁边，不能交叉双腿。运动员以刚才的方式继续横向移动。然后以左脚开始重复这项训练。

（4）跳跃。可以采用跳跃来增加单脚逐格向前迈步、双脚逐格向前迈步和双脚侧向移步等训练。

（5）恰恰舞。运动员站在第一个格子的右侧，肩部和髋部与绳梯垂直。左脚迈入格子内，右脚随后也迈入这个格子。接着左脚迈出格子，迈到格子的左侧，右脚也跟着迈出来。运动员将左脚向左侧迈出一步，右脚斜着迈入第二个格子。接着左脚迈入第二个格子。运动员迈进迈出格子并且一直轮换双脚，以这种方式一直走到绳梯末端。

（6）"之"字形并步移动。运动员站在第一个格子的右侧，肩部和髋部与绳梯垂直。左脚迈入格子内，然后右脚也迈入这个格子。接着左脚迈出格子，迈到格子的左侧，右脚迈入第二个格子，随后左脚也迈入第二个格子，最后右脚迈到绳梯的右侧。运动员以这种方式一直走到绳梯末端。

（7）交叉步一进两出。运动员站在绳梯左侧，髋部和肩部垂直于绳梯。左脚从右脚前交叉迈入第一个格子，然后右脚跨过绳梯迈至第一个格子外面。随后左脚迅速迈出格子。接着右脚迈入第二个格子。运动员重复这种方式一直到绳梯末端。

（8）跳格子。运动员双脚分开站立在绳梯的第一个格子外侧，左脚在格子的左边，右脚在右边，肩和髋部与梯级平行。运动员迅速用右脚跳进第一个格子，右脚落地后立即向前跳，落地时两脚横跨在第二个格子两侧，再迅速用左脚跳进第二个格子。运动员采用这种方式一直跳到绳梯末端。

（9）侧向单脚迈步。运动员侧身站在第一个格子前，髋部和肩部垂直于梯级。运动员的右脚迈进，再迈出第一个格子，然后侧向并移动到第二个格子前，右脚轻

触第二个格子，一直横向并步移动到绳梯末端，用右脚触碰每个格子。运动员换左脚从反方向重复该练习。

（10）双脚侧向迈进迈出。运动员侧身站在第一个格子前，髋部和肩部垂直于梯级。右脚迈到第一个格子中间，左脚紧随其后迈入格子中。当左脚迈入后，将右脚斜着迈出，站在第二个格子前，左脚随后立即迈出。双脚依次迈入每个格子，侧向移动到绳梯末端。换左脚从反方向重复该练习。

思考与练习

一、填空题

1. "赶牛"运动中，常见损伤有＿＿＿＿＿＿、＿＿＿＿＿＿、＿＿＿＿＿＿、
＿＿＿＿＿＿、＿＿＿＿＿＿等。

2. "赶牛"运动员损伤原因包括激烈比赛致伤、"赶牛"棒击伤、球击伤以
及＿＿＿＿＿＿。

3. "赶牛"运动员的保护措施包括自我保护和＿＿＿＿＿＿保护。

4. 动态热身活动原则中提到，热身动作应与＿＿＿＿＿＿动作一致。

5. 绳梯训练可以帮助运动员发展＿＿＿＿＿＿移动的能力。

二、选择题

1. 以下不是"赶牛"运动员常见损伤的是（　　　）。

　　A. 淤伤　　　　　B. 拉伤　　　　　C. 擦伤　　　　　D. 心脏病

2. "赶牛"运动员在比赛中使用"赶牛"棒时，以下不是正确的自我保护方法
的是（　　　）。

　　A. 当身体失去平衡时，迅速向前或向后迈大步

　　B. 如果快要跌倒，立即低头，弯曲肘部，缩身含胸

　　C. 用肩背部着地并顺势翻滚

　　D. 用直臂或击打球棒撑地

3. "赶牛"运动员在训练中安排训练负荷与训练过程遵循的原则是（　　　）。

　　A. 根据运动特点，个体化安排运动负荷

　　B. 过度剧烈运动以提高训练效果

　　C. 运动负荷不足以减少损伤风险

　　D. 忽略技术训练，只注重体能训练

三、判断题

1. "赶牛"运动中，运动员不需要进行任何保护措施，因为损伤是比赛的一
部分。（　　　）

2. 动态热身比静态拉伸更能全面动员运动员的神经肌肉系统。（　　　）

3. "赶牛"运动员在比赛中因紧张而用"赶牛"棒对其他运动员造成的伤害不
属于常见损伤原因。（　　　）

四、简答题

1. 请简述"赶牛"运动员在训练和比赛中应如何加强自我保护。

2. 解释为什么动态热身活动比静态拉伸更适合"赶牛"运动员。

3. 简述"赶牛"运动员在比赛前应如何进行合理的体能热身活动。

项目五　"赶牛"传承与发展的思考

导读

本项目将深入探讨"赶牛"这一传统游艺活动的文化价值及其在现代社会中的传承与发展，探讨如何在尊重传统的基础上，创新性地将这一活动融入现代生活，使之成为连接过去与未来的文化桥梁。

学习目标

【知识目标】

1. 掌握"赶牛"游艺的历史挖掘与传承过程。

2. 理解"赶牛"游艺在全国少数民族传统体育运动会中的展现及其在文化传承方面所发挥的作用。

3. 深入了解国家及地方政府在地方体育遗产传承与发展中所提供的政策扶持，增强对非物质文化遗产价值的认识。

【技能目标】

1. 分析地方体育项目在现代社会中的传承难题和挑战。

2. 掌握地方体育项目创新发展的方法和途径。

3. 学会运用现代传播手段和平台推广地方体育文化。

4. 培养策划和组织地方体育活动的能力。

【素质目标】

1. 增强对地方体育文化价值的认识和尊重。

2. 培养对地方体育传承与发展的责任感和使命感。

3. 培养创新思维，鼓励在地方体育传承与发展中提出新观点和新策略。

【案例导入】

"豫"见非物质文化遗产传承发展新画卷

威风凛凛的武士、体态丰盈的仕女、身姿矫健的骏马……在洛阳市孟津区朝阳镇南石山村，暑期研学热仍在持续，色彩明丽、俏皮灵动的各式唐三彩成品受到了来自全国各地学生的广泛欢迎。

唐三彩，又名"唐彩色釉陶器"，釉色有黄、绿、褐、蓝、黑、白等，其中以黄、绿、褐三种颜色为基本色调，迄今已有 1300 多年历史。如今，学生不仅能在研学过程中了解唐三彩的发展历史，还能深入生产车间，从各个环节感受唐三彩制作，近距离地观看老师傅们开窑，感受古老技艺的独特魅力。

洛阳文脉源远流长，诸多非物质文化遗产项目成为传播河洛文化的一张"金质名片"。洛阳市通过"非物质文化遗产＋旅游""非物质文化遗产＋文创""非物质文化遗产＋研学"等多种跨界融合新模式，为非物质文化遗产传承增添了无限可能。

据介绍，洛阳洛邑古城景区已进驻 200 余项非物质文化遗产项目，游客在体验非物质文化遗产的同时，能更直观地感受河洛文化的魅力。栾川县通过"民宿＋非遗"发展路径，在重渡沟景区打造非物质文化遗产主题民宿，既丰富了民宿文化内涵，也能增强游客文化体验。

资料来源：人民网 2024-08-14

任务一 "赶牛"的传承

一、全国少数民族传统体育运动会

中华人民共和国少数民族传统体育运动会,简称"全国少数民族运动会"或"民运会",是由国家民族事务委员会与国家体育总局联合主办,并由各地人民政府轮流承办的综合性体育赛事。作为中国体育领域一项独具特色且意义深远的盛会,其历史可追溯至 1953 年首次举办的全国民族形式体育表演与竞赛大会。1982 年,在国务院的正式批准下,该活动被命名为中华人民共和国少数民族传统体育运动会,并确定每四年举办一次。赛事的举办城市由不同地区的地方人民政府轮流承担,举办的城市包括呼和浩特市、南宁市、昆明市、北京市、广州市、贵阳市、银川市及郑州市等。

全国少数民族运动会的核心目的在于借助体育这一跨越国界、沟通无碍的媒介,促进各民族文化的有效保护、传承与广泛交流,同时进一步加深各民族之间的团结与理解,为社会的和谐与进步贡献力量。它不仅是中国体育发展历程的生动见证,更是展现中华民族多元文化相互尊重、和谐共存的重要舞台。

全国少数民族运动会包含了多种具有民族特色的体育活动,这些活动不仅是激烈的竞技比赛,更是各少数民族深厚历史与璀璨文化的直观体现。运动会主要分为竞赛类和表演类两个部分。竞赛类涵盖了如武术、射箭、马术、民族式摔跤、龙舟等传统民族体育形式,而表演类则用于呈现各民族独特的文化和体育魅力。

在运动会期间,各民族的运动员们身着各自的民族服装,不仅参与了紧张的体育比赛,还通过各种形式展示了各自民族的特色文化,促进了各民族间的相互了解和友谊。从马术的雄姿英发到摔跤的力量对决,从射箭的精确沉着到龙舟的团结协作,每一个项目都承载着丰富的文化含义和民族故事。同时,如秋千的轻盈摆动、押加(又称为"大象拔河")的力量较量等,这些在其他大型体育赛事中不常见的景象,不仅检验了运动员的体能和技巧,更彰显了民族智慧和团队合作的精神。

目前全国少数民族运动会已成功举办了 12 届,其中第十二届于 2024 年 11 月 22 日至 30 日在海南省三亚市举行。该届运动会设有三亚和新疆两大赛区,共计 19 个比赛场地,竞赛项目涵盖 18 项 149 个小项,表演项目则细分为竞技、技巧和综

合 3 大类别 170 个小项，运动员人数达到 6960 人。

第十三届全国少数民族运动会将于 2027 年在湖南省的湘西土家族苗族自治州和张家界市举办。

二、宁夏与全国少数民族运动会

2003 年在宁夏回族自治区银川市成功举办了第七届全国少数民族运动会，宁夏木球代表队在该届赛事中首次夺冠，书写了历史的新篇章。

2019 年 9 月 8 日至 16 日，第十一届全国少数民族运动会在河南省郑州市举行，这是中部地区首次承办的国家级民族体育赛事。运动会设置了包括花炮、木球、蹴球、射弩、押加、武术、民族式摔跤、键球、陀螺、珍珠球、板鞋竞速、高脚竞速、民族健身操、小龙舟等在内的丰富竞赛项目，以及"赶牛"、羊逗羊倌、六盘牧羊鞭、打瓦、火红的日子、打鞭牛、击板起舞等表演项目。

宁夏代表团在本次运动会中取得了历史性的突破，共获 2 个一等奖、11 个二等奖、14 个三等奖，并在表演项目中荣获 4 个一等奖、3 个二等奖、1 个三等奖的优异成绩。尤为值得一提的是，在木球项目中，宁夏队以 1：0 力克河北队，时隔 16 年再次夺得该项目一等奖，充分展示了宁夏在木球领域的传统优势。同时，宁夏武术队也表现出色，荣获了 1 个一等奖，为宁夏代表团增光添彩。

三、"赶牛"与全国少数民族运动会

2011 年，"赶牛"项目首次亮相全国少数民族运动会，经过精心挖掘与整理，该项目在运动会中初次展示即荣获表演项目一等奖，充分展现了"赶牛"深厚的文化底蕴。自此，"赶牛"项目凭借其独特的民族文化魅力和体育竞技价值，在后续全国赛事中持续获得高度关注与赞誉。

1. 起源与本土化进程。"赶牛"活动源自放牧儿童在山野放牛时创造的娱乐方式，旨在缓解爬山"赶牛"的劳累。随着时间的推移，该游戏逐渐演变为具有地方特色的民族体育活动，并深深植根于当地社区文化之中。

2. 地方赛事的推广。最初，"赶牛"活动仅限于当地节日庆典或小型活动中，但因其独特的趣味性和民俗性，逐渐在县、市乃至自治区级的少数民族体育赛事中受到关注。

3. 政府支持与认可。随着自治区对民族文化遗产的重视，"赶牛"项目在地方政府的推动下得到提升。2011 年，该项目在第七届自治区少数民族运动会上荣获表演二等奖，首次获得省级的认可。

4.全国舞台的展现。2011年，"赶牛"成功亮相全国少数民族传统体育运动会，荣获表演一等奖，标志着其正式成为全国性赛事的表演项目。这次展示不仅提升了"赶牛"项目的知名度，也为其传承与创新提供了更广阔的平台。

5.持续发展与影响力。在随后的几届全国少数民族运动会上，"赶牛"持续参与，直至2024年被选为第十二届运动会的竞技类表演项目，进一步巩固了其在民族体育赛事中的地位，同时也推动了项目的持续发展与创新。

泾源县的非物质文化遗产项目"赶牛"，已受到政府与社会的广泛重视和有力支持。自2008年起，该活动经全面普查登记，被纳入自治区级第二批非物质文化遗产项目名录，确保了其保护与传承的有效性。目前，已有一名自治区级"赶牛"代表性传承人，且在底沟村设立了专门的传承基地，以加强宣传和推广。自2010年起，"赶牛"活动多次参与各类传统体育运动会的表演项目，荣获佳绩，显著提升了其知名度和影响力。

【课程资源】

"赶牛"的传承

任务二　"赶牛"传承的困境

在过去的十年里，我国已经成功构建了一个独特的非物质文化遗产保护体系。这一体系不仅涵盖了从国家到县四级的非物质文化遗产代表性项目名录及其代表性传承人体系，还构建了由法律、法规、意见、办法等组成的制度框架，并在持续的保护工作中形成了对人力、财力、物力及资源分配进行有效管理的制度体系。不断创新的制度和理念，以及日益完善的非物质文化遗产保护配套体系，成为推动非物质文化遗产保护工作持续发展的核心动力，也是维持整体保护态势向好的坚实基础。目前，非物质文化遗产保护的代表性项目、代表性传承人、文化生态保护区、生产性保护示范基地、传承人研培计划等已经初具规模，非物质文化遗产展览展示活动也日益常态化、大众化和品牌化。但就"赶牛"的传承来说，也面临着一系列的困境。

一、"赶牛"非物质文化遗产文化生态环境发生变化

"赶牛"是由六盘山下牧童代代相传的游戏，其文化生态环境与放牧生活紧密相连，但随着封山育林、生态移民等政策的实施，以及泾源肉牛饲养产业的兴起，"赶牛"游戏的原始生态文化环境已经一去不复返。

"赶牛"作为非物质文化遗产再次发光发热，受到主流媒体和大众的关注，与历届少数民族运动会息息相关，"赶牛"非物质文化遗产代表性传承人们在这个舞台上展示的同时，"赶牛"游戏的传承环境也随之发生变化，以适应新的舞台。

从代表性传承人现状来看，目前真正有牧牛、赶牛体验的人年龄基本在45岁以上，如何让远离放牧生活的年轻一代体会"赶牛"非物质文化遗产的文化内涵并参与传承，让其文化生态环境重获新生，是"赶牛"非物质文化遗产传承面临的困境之一。

二、"赶牛"传承人队伍建设与培养缺失

当前"赶牛"代表性传承人多为农民和文体局基层工作者，区级非物质文化遗产传承项目经费不足，难以支持众多传承人实现脱产，进而提高理论水平和传授技艺能力，这也是"赶牛"非物质文化遗产传承面临的困境之一。

三、"赶牛"非物质文化遗产传承活力激发困难

当前"赶牛"作为泾源县文化资源，距离品牌化依然存在一定差距，如何扩大"赶

牛"技艺的应用场景，使其在满足不同受众社会需求的同时，为非物质文化遗产传承队伍增产创收，这是非物质文化遗产传承面临的共同困境。

【课程资源】

"赶牛"传承的困境

任务三   "赶牛"的市场需求与思考

2009 年，国务院发布我国第一部《文化产业振兴规划》，明确提出了文化产业发展的基本原则，即坚持把社会效益放在首位，实现社会效益与经济效益的双效统一，并强调将文化产业培育成国民经济新的增长点。非物质文化遗产能否同样能遵循此原则，是一个值得探讨的问题。从非物质文化遗产的历史脉络、保护原则、"双创"导向以及扶贫的政策背景等多维度考察，我们可以得出肯定的结论。

首先，从历史维度审视，非物质文化遗产并非孤立的艺术创造，而是深深植根于民众生活之中。诸如戏剧、音乐、舞蹈等表演类非物质文化遗产项目，其原始形态往往与古代祭祀活动有关联，显示出与人的需求紧密相连的特质。此外，如工艺品、曲艺杂技、医药等非物质文化遗产项目，其内在的商业属性决定了其存续与发展必须依托市场。因此，非物质文化遗产的价值与人的需求紧密联系，其保护亦需寻求在现代社会中的新生机。

其次，从保护理念层面出发，2009 年文化部副部长周和平在"非物质文化遗产生产性方式保护论坛"上提出的"生产性保护"理念，以及 2016 年项兆伦副部长倡导的"见人见物见生活"的保护原则，均强调了市场与生产的重要性。通过将非物质文化遗产转化为生产力和产品，不仅能够实现经济效益，推动相关产业发展，还能达到非物质文化遗产有效保护的目的。这些理念凸显了市场在非物质文化遗产保护中的核心作用。

再次，从"双创"要求来看，党的十九大报告明确提出了"创造性转化、创新性发展"的文化传承方针。这意味着在保护非物质文化遗产的过程中，应注重挖掘其当代价值并进行创新性转化和发展。文化作为历史与生活的产物，其生命力在于满足当代社会的需求。因此，挖掘和转化非物质文化遗产的当代价值对于建设社会主义先进文化、推动社会文明进步具有重要意义。

最后，从非物质文化遗产扶贫的政策背景来看，我国作为发展中国家，在非物质文化遗产保护上必须结合国情实际。非物质文化遗产扶贫的提出正是基于我国社会经济发展的现实需求，旨在通过非物质文化遗产与扶贫、旅游、市场的有机结合，实现文化与经济的双赢。在保障基本生存需求的基础上推动非物质文化遗产保护与发展，既能助力民生改善，又能促进非物质文化遗产的传承与创新。

在当今社会，对于非物质文化遗产的保护与传承已经成为全球性关注的焦点。"赶牛"体育活动这一独特的民族文化，正面临着现代化冲击和传承断层的挑战。目前，泾源文化馆作为主要的守护者，采取了一种系统性的保护策略，即"确认、立档、研究、保存"。这一策略旨在确保"赶牛"体育活动的原始性、完整性和独特性得到充分的尊重和保护，同时，通过参与全国少数民族运动会，将其推向更广阔的舞台，让更多人了解和欣赏到这一独特的体育形式。

在全国少数民族运动会上，"赶牛"以独特的竞技性和观赏性，吸引了众多观众的目光，极大地提升了其社会影响力和文化价值。据统计，参与运动会的几年间，"赶牛"体育活动的公众认知度提高了30%，这无疑为项目的传承和振兴打下了坚实的基础。

然而，尽管取得了显著的成果，但"赶牛"的保护工作仍然任重道远。随着社会的发展，公众对文化的需求日益多元化和深度化，如何满足这种需求，让"赶牛"技艺在现代社会中找到其独特的定位，是当前亟待解决的问题。此外，如何通过这一非物质文化遗产项目创造更多的就业机会，带动地方经济的发展，也是需要深入探讨的课题。

因此，未来的重点不仅在于持续地宣传和弘扬，更需要探索创新传承方式，如开展"赶牛"体育活动进校园、进社区，培养新一代的传承人。同时，鼓励企业、基金会等社会力量，通过赞助、合作等方式参与到非物质文化遗产保护中来，形成政府、社会、公众共同参与的保护机制。

一、教育机构的课程设置

教育推广策略在当今社会中对保护和传承非物质文化遗产体育项目具有重要意义。教育机构应设立专门的非物质文化遗产体育课程，通过理论学习和实践体验，让学生深入了解并热爱这些独特的文化遗产。邀请非物质文化遗产项目代表性传承人进行现场教学，让学生亲身体验传统体育项目的魅力，增强其对传统文化的认同感和兴趣。

二、文化节活动的组织与推广

文化节活动是非物质文化遗产体育项目推广的有效方式之一。通过举办非物质文化遗产体育文化节，以竞赛、演出等形式，将传统体育项目生动地呈现给公众，吸引大量观众参与，并激发公众对非物质文化遗产体育活动的兴趣。近年来，非物质文化遗产体育文化节的观众数量逐年增长，充分证明了这种推广方式的有效性。

三、商业化策略与品牌合作

将商业运营理念与非物质文化遗产体育项目相结合，可以为这些项目带来更多的资源和创新可能。与知名品牌合作，通过联名产品、赞助活动等方式，提升非物质文化遗产体育活动的知名度和市场价值。这种合作模式已经在一些成功的案例中得到了验证，为非物质文化遗产体育活动的商业化推广提供了有力支持。

四、数字化展示手段的应用

随着科技的发展，数字化展示手段成为非物质文化遗产体育活动推广的新途径。利用自媒体平台，如短视频、直播等，将非物质文化遗产体育项目以更直观、更生动的方式展示给全球观众，吸引更广泛的公众关注。数字化手段不仅提升了非物质文化遗产体育活动的关注度，还扩大了其影响力。

五、创新与可持续发展

创新与可持续发展是非物质文化遗产体育项目长久传承的关键。在尊重传统的基础上，积极探索非物质文化遗产体育与现代生活的结合点，进行适当的创新和改变，使其更符合现代人的生活方式和审美标准。同时，建立社区参与机制，鼓励社区居民参与非物质文化遗产体育项目的保护和传承，以组织社区活动，建立非物质文化遗产体育俱乐部等形式，提高社区对非物质文化遗产体育活动的认同感和参与度，实现其可持续发展。

【课程资源】

"赶牛"的市场需求与思考

任务四 "赶牛"的应用场景

"赶牛"游艺在宁夏泾源这片沃土上深深地扎下根,其独特的地域文化特质尤为显著。这一传统体育活动,不仅是当地历史记忆的载体,更是鲜活的文化遗产,值得我们深入探究并大力弘扬。

一、"赶牛"游艺在校园教育中的应用

学校设立专门课程,让学生通过实践,感受"赶牛"游艺的魅力,以增强学生对地方文化的理解和情感认同,同时提升他们的身体素质。

在当今的教育体系中,我们不仅追求知识的传授,更注重对传统文化的传承和学生综合素质的提升。"赶牛"游艺活动是对地方文化的一种活态传承,学校可以设立专门的课程,让学生参与和实践。通过参与,学生可以深入了解本地的风土人情,增强对家乡的热爱。这种情感认同不仅有助于塑造学生的乡土情怀,也有利于在其未来的生活和工作中,更好地保护和发扬地方文化。

"赶牛"游艺活动对提升学生的身体素质也有显著效果。在与"牛"的互动中,学生需要保持良好的身体协调性和反应速度,这对他们的身心健康有着积极的促进作用。

"赶牛"游艺在校园教育中的融入,不仅丰富了教学内容,提升了教育的趣味性和实践性,更在传承文化、锻炼身心、培养乡土情感等方面发挥了重要作用。我们期待这种创新的教育方式能激发更多学生对传统文化的兴趣,让他们在学习中成长,在体验中感悟,成为有深厚文化底蕴的新一代。

二、"赶牛"游艺在研学教育中的应用

为更深刻地理解文化传承,我们设立了专门的教育基地和研究课程,使学生能够通过项目式学习,充分领会非物质文化遗产的深层含义和重要价值。我们倡导学生以小组合作的方式,进行与"赶牛"游艺相关的项目研究、策划和执行。这包括编写"赶牛"展示的解说文本,设计"赶牛"主题庆祝活动,或者组织"赶牛"竞赛等实践活动。此类活动不仅使学生掌握特定的技能,更在实践中提升了他们的问题解决能力、创新思维能力和团队合作精神。

三、"赶牛"游艺在社区活动中的应用

社区活动是构建和谐社区、增强居民归属感的重要手段,而组织社区居民参与

"赶牛"比赛，无疑是一种创新且富有吸引力的方式。这样的活动不仅能够丰富居民的文化生活，提供休闲娱乐的场所，更能在比赛中培育宝贵的团队精神，从而促进社区的和谐与繁荣，以展现强大的社区凝聚力。

首先，"赶牛"比赛作为特色社区活动，吸引着不同年龄段、不同背景的居民共同参与。年轻人的活力、中年人的谋略、老年人的经验在比赛中形成代际互补，不仅拉近了居民间的情感距离，更通过互动协作增进理解、凝聚共识，助力和谐社区的构建。

其次，比赛能锻炼团队精神。居民共商策略，协同应对挑战，这种合作精神在比赛中能助其取得佳绩，更在日常生活中产生深远影响。面对公共事务或邻里矛盾，居民能运用比赛中的团队合作经验，共同寻找最佳解决方案，以提升社区治理效能。

再次，"赶牛"比赛能激发社区活力，吸引外部关注和外部资源。商家的赞助和奖品可增强社区经济能力。活动的独特性也可吸引游客，促进社区旅游业发展，进而繁荣社区经济。

最后，社区的凝聚力是和谐与繁荣的关键。通过活动，居民共享快乐，共同面对困难，形成"我为社区，社区为我"的理念。这种凝聚力增强社区稳定性，抵御外部影响，激发居民对社区的热爱和归属感，促使他们更积极地为社区建设和发展作出贡献。

总的来说，组织此类比赛是双赢的，能丰富居民文化生活，培养团队精神，促进社区和谐繁荣，显示社区强大的凝聚力。因此，应鼓励和支持更多社区开展各类传承活动，让社区成为居民的温暖家园。

四、"赶牛"游艺在旅游中的应用

根据"赶牛"日常训练内容，将其改编成定点式游戏挑战，如限时固定击打次数、长距离运球、罚球、攻守挑战等难度较小的竞赛环节，在游客体验挑战的同时，传播牧牛生活文化，提升游客体验度。也可以组织定点定时比赛表演，向游客展示精彩的"赶牛"比赛。

【课程资源】

"赶牛"的应用场景

思考与练习

一、填空题

1. 全国少数民族传统体育运动会的核心目的在于借助体育这一跨越国界、沟通无碍的媒介，促进各民族文化的有效保护、传承与_____。

2. 泾源县的"赶牛"项目在全国少数民族传统体育运动会中初次展示即荣获_____。

3.2019 年 9 月 8 日至 16 日，第十一届全国少数民族传统体育运动会在河南省_____市举行。

4. 教育推广策略在当今社会中对于保护和传承非物质文化遗产体育项目具有重要意义，教育机构应设立专门的_____。

二、选择题

1. 全国少数民族运动会首次举办的时间是（　　　　）。

　　A.1953 年　　　　　B.1982 年　　　　　C.2003 年　　　　　D.2011 年

2. "赶牛"项目首次亮相全国少数民族运动会是在（　　　　）。

　　A.2008 年　　　　　B.2011 年　　　　　C.2019 年　　　　　D.2024 年

3. 以下不是全国少数民族运动会竞赛类项目的是（　　　　）。

　　A. 摔跤　　　　　B. 射箭　　　　　C. 赶牛　　　　　D. 马术

4. 以下不是非物质文化遗产保护理念的是（　　　　）。

　　A. 生产性保护　　　　　　　　　B. 见人见物见生活

　　C. 完全商业化　　　　　　　　　D. 创造性转化、创新性发展

5. 以下不是推广非物质文化遗产体育项目策略的是（　　　　）。

　　A. 教育机构的非物质文化遗产体育课程　　　B. 文化节活动的组织与推广

　　C. 商业化策略与品牌合作　　　　　　　　　D. 减少政府的参与和支持

三、判断题

1. 全国少数民族运动会每两年举办一次。（　　　　）

2. "赶牛"项目在第十一届全国少数民族运动会中获得了表演类项目一等奖。（　　　　）

3. 非物质文化遗产的保护只需要关注其原始形态,不需要考虑现代社会的需求。（　　　　）

赶牛

4. "赶牛"体育项目在全国少数民族运动会上的展示，提升了其社会影响力和文化价值。（　　）

四、简答题

1. 简述全国少数民族运动会举办的目的和意义。

2. 简述"赶牛"项目在全国少数民族运动会上的发展历程。

3. 简述非物质文化遗产保护的现代价值和推广策略。

第三部分　实训篇

项目 "赶牛"教学实践

导读

本项目将深入探讨"赶牛"这一传统游艺活动的研学课程与活动设计，探讨如何在尊重传统的基础上，创新性地将这一活动融入现代生活，使之成为连接过去与未来的文化桥梁。

学习目标

【知识目标】

了解"赶牛"在校园、研学、旅游中的应用。

【技能目标】

能够设计与组织一场"赶牛"游艺活动。

【素质目标】

激发创新思维，对非物质文化遗产的活化利用及个人职业发展有明确的认知。

任务一　"赶牛"研学课程设计

一、确定课程名称

体育运动"赶牛"探索之旅。

二、编写课程目标

1.致力于引导学生探索中国西北部的宁夏地区丰富多样的民族文化和体育传统，使他们能够领略这些文化与传统的独特魅力和深厚历史底蕴。

2.通过实践"赶牛"运动，培养团队协作和策略规划能力。"赶牛"作为一种传统体育活动，对参与者的团队合作和策略制定能力有较高要求。学生将在参与过程中学习有效沟通、协同工作以及根据情境灵活调整策略的技巧。

3.课程致力于培养学生对不同文化的尊重与理解，同时筑牢文化自信根基。通过引导学生以开放心态接触、理解多元文化，并深入挖掘自身文化传统的精髓，激发其对本土文化的深层认同与传承自觉，最终实现对多元文化的包容与自身文化自信的双向提升。

三、设计课程内容

（一）理论教学

全面阐述宁夏地区少数民族的历史和文化特色，包括民族迁徙、文化融合等多个方面，使学生对宁夏的多元文化有深入理解。

详细解析"赶牛"活动的起源、发展、规则及技巧，以增强学生对这项传统体育运动的认知和掌握。强调安全知识和运动礼仪，使学生在参与活动时能确保自身安全并尊重他人。

（二）实践操作

在专业教练的指导下，学生将分组进行"赶牛"活动的模拟训练，教练将根据学生的需求提供个性化的指导，帮助他们逐步提升运动技能。

例如，举办小型"赶牛"比赛，让学生在实践中体验和学习，比赛将遵循正式比赛规则，以强调比赛中的团队协作和策略应用。安排学生参与当地的"赶牛"节庆活动，使他们有机会与当地居民互动，深入了解当地的生活方式和文化习俗。

（三）反思与分享

课程结束后，组织学生进行反思和分享，讨论团队合作的重要性以及如何将所

学知识应用于实际生活。鼓励学生通过艺术创作（如绘画、写作等）表达对"赶牛"活动和宁夏文化的理解，以此作为他们学习成果的展示。

四、制定研学手册

1. 导言。详细阐述"赶牛"活动研学课程的目标和价值，激发学生的学习热情和兴趣。

2. 宁夏文化概述。全面介绍宁夏的地理位置、风土人情、风俗文化等，帮助学生建立对宁夏多元文化的整体认知。

3. "赶牛"活动详述。通过图文并茂的方式，详细解析"赶牛"运动的规则、技巧和安全要点，以增强学生的理解和掌握。

4. 实践指导。提供实践环节的详细步骤，包括准备、执行和评估，以协助学生顺利完成实践任务。

5. 安全提示与礼仪规范。强调活动过程中的安全注意事项和应遵循的礼仪，确保学生在参与活动时有安全理念和尊重理念。

6. 反思与创新。设计相关问题和主题，引导学生进行自我反思和创新表达，围绕"赶牛"活动和宁夏文化进行深入思考。

7. 课程评估。绘制自我评估和同伴评估表格，以评估学生的学习成效，应涵盖理论学习、实践体验和反思分享等多个方面。

8. 附录。包含相关资源链接、词汇表等内容，供学生进一步学习和查阅，以促进他们对宁夏文化和"赶牛"活动知识的深入理解。

五、课程时间安排

建议课程持续 3 天，每天 8 小时，涵盖理论学习、实践操作及反思交流等组成部分。通过这样的学习旅程，学生能够全面而深入地探索宁夏的民族文化，重点实践"赶牛"活动，提高文化交流能力，增强文化自信心，同时也能保证他们有适当的休息和放松时间。课程参考如表 3-1 所示。

表 3-1　课程安排

时间		课程内容	学习目标	教学活动
第1天	上午	1.1 宁夏文化概述	了解宁夏的地理分布、风土人情、风俗文化	讲授、讨论
		1.2 "赶牛"活动起源与历史	研究"赶牛"活动的历史背景和演变	观看视频、讲解
	下午	1.3 "赶牛"活动规则与技巧	掌握"赶牛"活动的基本规则和运动技术	讲解、示范
		1.4 安全教育与活动礼仪	学习活动安全知识和礼仪规范	讲解、实践
	晚上	反思与交流	分享对"赶牛"活动的初步理解和感受	小组讨论
第2天	上午	2.1 "赶牛"活动实践	在教练指导下进行"赶牛"活动模拟训练	实地训练
	下午	2.2 "赶牛"竞赛体验	参与"赶牛"比赛，实践团队协作和策略应用	比赛、实践
		2.3 文化互动	与当地居民交流，参与"赶牛"节庆活动	文化体验活动
	晚上	反思与创新	分享实践体验，激发创新思维的表达	个人反思、创新活动
第3天	上午	3.1 深度反思与分享	深入讨论"赶牛"活动的团队合作和文化理解	小组讨论、分享
	下午	3.2 课程评估	进行自我评估和同伴评价，评估学习效果	填写评估表
		3.3 创新成果展示	展示个人创新成果，分享学习体验	展示、分享
	晚上	总结与告别	总结研学经历，表达对宁夏文化的理解和感悟	总结、告别活动

任务二 "赶牛"活动组织

此任务有别于 14 人的团队竞赛，适合 10 人以下游戏。根据下面的游戏规则，组织一场 5~10 人的比赛，组成比赛小组，并评估各个环节，提出不足和需要改进的地方。

一、设定"牛圈"与"牛窝"

在活动场地上，首要任务是设立一个大坑，即"牛圈"。其规格通常为直径 25 厘米，深度 20 厘米，以能容纳"木牛"为标准。接着，围绕"牛圈"挖掘一系列小坑，这些小坑被称为"牛窝"，数量为参赛人数减一，如 7 人比赛则设 6 个"牛窝"。

二、调整坑位与间距

"牛窝"的数量依据参赛人数而定，每个"牛窝"的大小应足以容纳一个"赶牛"棒头。此外，需根据参赛人数设定"牛窝"与"牛圈"之间的距离，最短不少于 2 米，并随人数增加适当增加。

三、比赛流程与规则

1. 赛前环节。选出赶牛选手，通过并排站好投掷"赶牛"棒的方式选出赶牛者，一般以"赶牛"棒掷出最近者作为赶牛者。

2. 比赛环节。每个坑前站立一人，手持 1.3 米长的"赶牛"棒，防守自己的"牛窝"和中间的"牛圈"。

赶牛者手持"赶牛"棒，驱赶木球入"牛圈"，防守者需使用"赶牛"棒阻止"木牛"落入"牛圈"。

判定规则：赶牛者趁防守者不注意，用棒头占据防守者的"牛窝"，则由被占者"赶牛"。

木球被赶入中间"牛圈"，所有守坑者需要围绕"牛圈"跑一圈，在裁判下令后，立即用棒头占据最近的"牛窝"，未能占据坑位的参与者将变为新的赶牛人。

3. 比赛结束以及判定。每场比赛根据参与者的体能状态，安排 10~15 分钟。比赛时间到，裁判吹哨判定结束，比赛终止时正在"赶牛"的人记一次"赶牛"次数。结束时"赶牛"次数最多的人被视为失败者。

【课程资源】

"赶牛"活动组织

任务三　"赶牛"活动科技创新

针对儿童、青少年、成年不同群体，结合科技、智能、绿色、环保的理念，让学生以任务形式，设计"赶牛"的器械，提出赛制创新方案。

一、儿童组

1.器械设计。针对不同年龄层次，设计出与之相适应的"驱牛"设备，例如调整尺寸规格，或采用不同材质对"赶牛"棒、"木牛"或计分装置进行改良，目的是使其更受儿童群体的青睐。

2.赛制创新。在场地进球设计方面，应考虑实施电子计分与电子感应报分技术，以增强孩子们的得分反馈体验。

二、青少年组

1.器械设计。设计一款可穿戴的智能"赶牛"装置，包括智能手环和感应腰带，通过手势和身体动作控制虚拟"赶牛"，增加互动性和趣味性。

2.赛制创新。引入团队合作元素，设计团队接力赛，每个队员负责一段路程，通过合作完成"赶牛"任务，培养团队精神和竞技意识。

三、成年组

1.器械设计。开发一款结合虚拟现实（VR）技术的"赶牛"模拟器，提供沉浸式体验，模拟真实的"赶牛"环境和挑战。

2.赛制创新。举办"赶牛"技能大赛，通过VR模拟器进行比赛，设置不同难度级别，鼓励成年参与者挑战自我，同时推广体育非物质文化遗产文化。

以上方案均需考虑环保材料的使用，确保器械的可持续性和对环境的影响最小化。通过这些创新设计，可以激发不同年龄段人群对体育非物质文化遗产"赶牛"活动的兴趣，同时推广科技、智能、绿色、环保的理念。

思考与练习参考答案

理论篇

一、填空题

1.ICH　2.工具；实物；手工艺品与文化场所　3.人

4.《中华人民共和国非物质文化遗产法》　5.流变性　6.自治区文化和旅游厅

7.2008 年　8.代表性（答案不唯一）　9.泾源民间故事

二、选择题

1.D　2.B　3.B　4.A　5.D　6.B　7.C　8.C

三、判断题

1.×　2.×　3.√　4.×　5.×　6.√　7.×

四、简答题（略）

五、讨论（略）

技能篇

项目一

一、填空题

1.木头；石头　2.杠木（辽东栎）；1.2~1.4 米　3.穿孔，小米

4."牛圈"　5.拉伸练习

二、选择题

1.B　2.D　3.B

三、判断题

1.×　2.√　3.×

四、简答题（略）

五、实训题（略）

项目二

一、填空题

1.10 2.防守内圈 3.2 4.重新发球 5."牛"罚

二、选择题

1.C 2.A 3.D 4.B 5.D

三、判断题

1.× 2.√ 3.× 4.√ 5.×

四、简答题（略）

五、讨论（略）

项目三

一、填空题

1.超过 2.轻击 3.远 4.破坏

二、选择题

1.D 2.C 3.A 4.D

三、判断题

1.√ 2.× 3.√ 4.× 5.×

四、简答题（略）

五、讨论（略）

项目四

一、填空题

1.瘀伤；拉伤；擦伤；骨折；肌肉痉挛 2.摔倒

3.对他人的 4.训练或比赛 5.脚步快速

二、选择题

1.D 2.D 3.A

三、判断题

1.× 2.√ 3.×

四、简答题（略）

项目五

一、填空题

1.广泛交流　2.表演项目一等奖　3.郑州　4.非物质文化遗产体育课程

二、选择题

1.A　2.B　3.C　4.C　5.D

三、判断题

1.×　2.√　3.×　4.√

四、简答题（略）

参考文献

［1］中华人民共和国非物质文化遗产法［EB/OL］.（2011-02-05）https：//
www.gov.cn/zhengce/2011-02/25/content_2602255.htm.

［2］中共中央办公厅 国务院办公厅印发《关于实施中华优秀传统文化传承发展
工程的意见》［EB/OL］.（2017-01-25）https：//www.gov.cn/zhengce/2017-01/25/
content_5163472.htm.

［3］宁夏回族自治区非物质文化遗产保护条例［EB/OL］.（2023-06-12）http：
//www.ycxixia.gov.cn/zwgk/gkmenu/ggwhfw/zcwj_58997/202306/t20230612_4142876.html.

［4］周波.非物质文化遗产保护制度建设的研究与分析报告［EB/OL］.
（2020-03-31）https：//www.ihchina.cn/art/detail/id/20727.html.

［5］杨国庆.体育非物质文化遗产概论［M］.北京：高等教育出版社，2021.

［6］丛密林，张晓义.体育非物质文化遗产概念及分类的诠释与重构：基于对
达斡尔、鄂温克、鄂伦春族聚居区的田野考察［J］.沈阳体育学院学报，2018（2）：
123-128，137.

［7］崔乐泉.从文化到遗产：体育非物质文化遗产例说［C］//2015年第十届
全国体育科学大会论文摘要汇编（一）.杭州：中国体育科学学会，2015：61-62.

结语
Conclusion

首先，谨代表整个教材编写团队，向泾源文体部门表达最深的敬意和最真挚的感激之情，感谢你们对系列教材编纂工作给予的大力支持和无私帮助。正是因为有了你们的慷慨相助，我们才能够顺利完成这一重要的文化传承项目。

在此，还要特别感谢所有参与素材拍摄的工作人员，你们的辛勤付出和不懈努力是我们成功的关键。感谢吴勇、任长生、丁志辉、王小林、禹文兴、马双全、伍文广、童福成、马全文、马凤有、马小宁、马三文、赵向东、马嘉辉、洪晓涛等人的辛勤工作，你们的参与不仅为教材增添了生动的实践元素，还确保了非物质文化遗产的真实性得以传承，生动性得以展现。也感谢泾源一中于万宏老师对此次教材撰写提供的帮助。

通过这三本系列教材，希望能够让更多的人了解并传承宁夏泾源县的非物质文化遗产项目"赶牛"、打胡墼和打鞭牛。这些传统技艺不仅承载着历史的记忆，更是我们共同的文化财富。我们期待这些教材能够激发更多人对传统文化的兴趣和热爱，让这些宝贵的文化遗产得以传承和发展。让我们携手努力，共同守护我们的文化根脉，让这些珍贵的文化遗产在现代社会中焕发新的活力，继续传承下去。